デザイン
ビジネス
選　書

リトルスターレストランのつくりかた。

リトルスターレストラン編

美術出版社

prologue

東京・ＪＲ三鷹駅の南口から、中央通り商店街を歩いて五分。
古風なおもちゃ屋さんや八百屋さんが入ったビルの三階に、
小さなレストランがある。

ここで食べられるのは、毎日でも食べ飽きない
「ふだん着のごちそう」。
きちんと手間をかけてつくられた料理と、
気持ちのいい、行き届いた接客。
「こんなお店がうちの近所にあったらいいのに……」と、
遠くから来たお客さんがうらやましがるような店。

けっして儲かっているわけではない。
この店をつくったオーナーたちは、
どのアルバイトスタッフよりも安い時給で、
週に六日、一日十五時間も働いている。それだけがんばっても、
今は店を続けていくだけでせいいっぱい。

だけど、「幸せだ」と彼らは言う。
きつくても、儲からなくても、
それでも幸せと思える生き方を、彼らは選んだ。

リトルスター・レストランという生き方を選んだ二人の物語。
計二十三時間にわたるインタビューで
彼らが語ってくれた言葉の中には、
人が幸せに生きていくための、ささやかなヒントがある。

きらきら光る 小さな星。

カレー粉
コチュジャン
Original Blend
カレー粉
Original Blend
カレー粉
カレー粉

ケーキ!
take out
チョコレートクッキー

Little Star Restaurant
mitaka, Tokyo
3F

小さな星は、毎日の
小さな仕事のつみかさねで
輝きます。

リトルスター・レストラン
店長　ミヤザキアサミ

かつて私は、
フリーのプランナー／コピーライターをしていました。
昔から、文章を書くこと、考えること、
人を楽しませることが好きでした。好きで得意なことを活かして、
人を感動させる仕事をしたいと思って選んだ、プランナーという職業。
けれど、それを続けているうちに、いつしか
「自分が感動する」ということを忘れかけていました。
人に感動してもらうためには、まず自分が感動しないといけない。
そう気づいた時、「私がしたい仕事はこれだったのかな？」
という疑問が湧いてきたのです。

自分が一生続けていく仕事は何かと考えた時、
もっと直接的に、人の心を動かす仕事がしたいと思いました。
地味でもいい、小さくてもいいから、
人の心をふっと軽くするような、ほんのりと温めるような、
時には、心躍らせるような。
一生やっていても飽きないこと……私にとってそれは
「食べることと飲むこと」。そうだ、ごはん屋さんだ！

そんな風にして始めたリトルスター・レストラン。
この仕事は、想像していたよりずっと人の心を動かすことができる。
そして、それによって
感動をもらうことができる仕事だとわかりました。
……これを幸せと言わずに、何と言えばいいのでしょう？

リトルスター・レストランのオーナー、
店長、料理人、唎き酒師(ききざけし)。
1973年熊本生まれ、東京育ち。20代
の頃は食品関係の広告プランナーとし
て働いていたが、2004年に相方okayan
や友人の深澤圭子、母の宮崎曜子とと
もにリトルスター・レストランを開店。

リトルスター・レストランのオーナー、ホール担当。1970 年山口県生まれ。大学卒業後、約 1 年 2 カ月の間、北半球一周、25 カ国を旅する。グラフィックデザイナーとして活動したあと、相方のミヤザキとともにリトルスター・レストランを開店。

リトルスナックレストラン
名物店員
Okayan

人気者になりたかったんだな。
立派になりたかったのでも、賢くなりたかったのでも、
お金持ちになりたかったのでもなく、
ああ、そうか、結局、僕は人気者になりたかったのか、と。

小学生の頃の僕は、とにかく友達や先生をわっと笑わせたかった。
どうやったら面白いことを言えるのか、
子供ながら、真剣に考えていました。
中学生になってギターを少し覚えると、
すぐにそれをジャカジャカかき鳴らしながら、
好きな歌を歌いたいと——みんなが注目して拍手してくれるような、
そんなミュージシャンになりたいと思うようになりました。

「自分にはできるはずだ」「いや、全然ダメかもしれない」。
終わりのないジレンマを抱えながら、少しずつ大人になっていく。
自分の居場所も見つけられず、人気者になれるはずもありませんでした。

でも、一つの出会いがすべてを変える。
僕は今、東京・三鷹の雑居ビルの三階で小さなお店をやっています。
仕事はきついし、お金はちょっぴり。
でも僕は、ここでは少しは人気者でいられる。
いつのまにか夢は叶っていて、
これからも叶えていけるものなんだな……。
最近、ふとそんなことを思いました。

リトスタ・デザイン!!

リトルスター・レストラン
専属デザイナー・okayanと
ディレクター、ミヤザキが手がける、
リトスタの、リトスタによる、
リトスタのためのデザイン。

ショップカード

お店のイメージをシンプルに
表現するショップカード。
イベント時には特別仕様も。

箸置き

灰皿

こだわりの小物は、
友人の作家によるオリジナル。
鉄や銅の味わい深い風合い。

看板

お店の顔も、
友人作家の共作。
毎日書き換える
黒板は、特に頼れる、
広報係。

カレー粉

お店のオリジナル調味料を
販売資格を取って
店頭で販売しています。

ショーカード

限定のスペシャルメニューは
メニューに差し込む
カードをつくって盛り上げます。

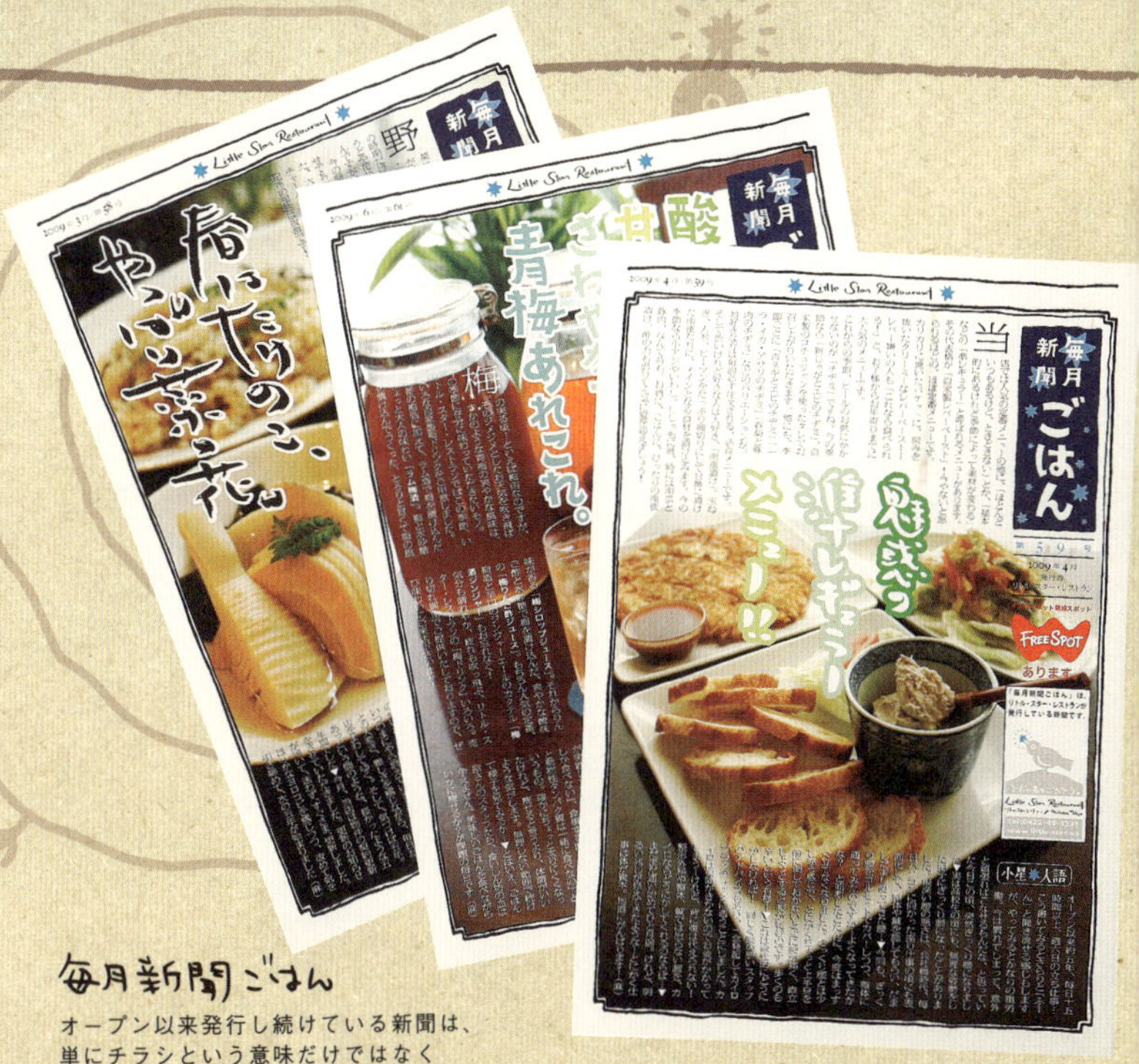

毎月新聞ごはん

オープン以来発行し続けている新聞は、
単にチラシという意味だけではなく
お店への理解を深めてもらう大切なツール。

ウェブサイト

ブログ形式で毎日更新するから
情報がいつも新鮮で、飽きない。
お店の裏側までのぞけちゃう?!

ブログ

ウラ★スタ!

六月一日は、リトルスターの日!!

開店した六月一日にあわせ、六月は毎年、記念グッズやイベントでお店を盛り上げます。

オリジナルTシャツ

Tシャツをデザインするだけでは飽きたらず、ポスターまでつくっちゃうのがリトスタ流。

記念バッチ

毎年必ずつくる缶バッチはのし袋に入れてプレゼント。10周年まで色は決定済み!?

リトスタビール!!

4周年でつくった地ビールは
酒造会社に出かけて行って
「リトスタ飲み部」が醸造。

手ぬぐい

スタッフが頭に巻く
バンダナ代わりの手ぬぐい。
記念グッズとしても販売中。

チロルチョコ

形といい、大きさといい、
リトスタにぴったりだった
「リトスタチロル」
限定販売でした。

ライブ!!

フリーマーケット

5周年は名物店員okayanと
気心の知れたお客さんによる
「唄とギターの夕べ」を開催!
手に職を持つお客さんが出店する
フリーマーケットも。

リトルスターレストランのつくりかた。

目次

第一章 お店ができるまで

第二章 お店ができてから……87

本文中のアイコンは……

okayan

ミヤザキ

第一章
お店ができるまで

お店を始めたきっかけ

初めはただ、母のお店をつくりたいと思っただけでした。料理上手の母が手間をかけてつくったおいしい家庭料理を出す、小さなお店を。

母は以前、吉祥寺でパブを経営していました。もともとそのお店で料理をつくっていたのですが、オーナーがお店を手放すことになり、母がそれを買い取ったのです。母は料理に力を入れていたので、「パブなのに料理がおいしい」という、ちょっと変わった評判のあるお店。フロアの女の子目当てでなく、「今日、マカロニグラタン、ある？」と電話してから来店するような、料理目当ての常連さんもいたそうです。

私が小学生の頃から、十五年以上、母はパブの仕事を続けていました。夕方の六時から八時頃に出勤して、深夜の三時頃に帰宅するような生活だったので、朝、母が起きてくるのは私が学校に行ったあと。けれど完璧主義者の母は、昼の間もきっちり家事をこなしていました。家の中はいつもピカピカだったし、洗濯もすべておまかせ。

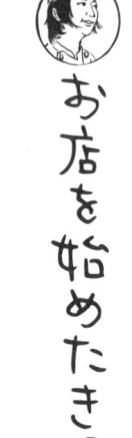

私は何の手伝いもしない子供でした。

そんな母が、何よりも心を込めてつくってくれたのが、食事でした。高校生にもなると、一日のうちで、私と母が一緒にいるのは夕方だけ。だから母は、なるべくできたての夕食を食べられるように用意していました。私が学校から帰ってくる頃までに、母は天ぷらの材料を揚げるだけの状態にして待ち構えていて、「天ぷらは揚げたてが一番おいしいのよ！」と、揚げた天ぷらをかたっぱしから「ほら、食べて、食べて！」と私に食べさせてから、あわてて仕事に出かけることもありました。

高校には基本的には、お弁当を持っていくことになっていて、母はほとんど毎日つくってくれました。二段式の弁当箱に詰められたお弁当は、味がおいしいのはもちろん、彩りも美しく、母が得意な鶏の唐揚げや玉子焼き、時にはエビチリまで入っていることも。「あーちゃん（私）のお弁当はほんとに豪華だよね！」「その唐揚げ、これと交換してよ！」と、クラスの友達はよく私のお弁当をのぞきに来ていました。

そんな母が、二〇〇一年の初め頃、病に倒れました。

容態はかなり深刻で、一時は生死の境をさまようほどでした。幸い、大きな手術を乗り越え、なんとか回復はしたものの、完全に元気になるまで、しばらくの間はリハビリに励む日々を送らなければならないことに。それまで続けてきたパブも、閉店することになりました。

その後、リハビリが順調に進んで元気になるにつれ、母はこんなことを言うようになりました。

「もっと元気になったら、また、お店をやりたいな」

母は、もともとじっとしていられないたちの人でした。その時の言葉は、いつ、どこでお店を始めたいという具体的な目標ではなく、ぼんやりとした願望のようなものだったと思います。

けれど、母のその言葉を聞いて、私の方が「賛成！　本当にやった方がいいよ！」と乗り気になってしまったのです。

当時、私はフリーのプランナー／コピーライターとして、主に食品関係の広告やマーケティングの企画を手がけていました。お店の企画はしたことがなかったけれど、いい商品やサービスを提供するという意味では、企画の考え方は同じです。そこにネタがあれば自然と企画を考えてしまうというのは、プランナーの職業病なのかもしれません。それが本当にいいネタだったら、なおさらのこと。母がつくるおいしい料理が食べられるお店の企画を考えるのは、私にとってごく自然な成り行きでした。

母のセンスのよさ、料理のおいしさ、人柄を映すような、見せかけだけではない、実のあるお店……。流行に左右されない普遍的な価値を持つお店が、母には似合う。

「阿佐ヶ谷の古い家の二階にあるおそば屋さんが、すごくいい感じだよ！」

「八王子に、古道具をうまく使っている素敵な居酒屋があるって！」

私は、母をあちこちのお店に連れていき、こうしたら、ああしたら、と自分が考えたお店のイメージを熱を込めて話しました。そうすることで、まだ完全には病気から回復しきっていなかった母を元気づけようとしていた部分もありました。


そうして母のお店の企画を考えているうちに、次第に私は「次は自分のお店を企画したいな」と思うようになりました。これもまた、自然な成り行きで。

フリーのプランナーとしての私は、忙しくはあったものの、その分かなり恵まれた報酬をいただけるようになっていました。けれど、当時手がけていた広告やマーケティングの仕事は、どうしてもマスが相手になるので、自分の企画が誰かの役に立ったという手応えや喜んでもらえたという実感が、今ひとつ感じにくかったのです。その時は自分なりに心を込めていい仕事をしたと思っていたけれど、結果としてその一つひとつの仕事での達成感があまり感じられず、モチベーションを保って仕事を続けるのはなかなか難しいことでした。

　プランナーの仕事とは、クライアントが持っている「もやもや」したアイデアを具体化したり、その「もやもや」さえもなければ、こちらからアイデアを提案して、その商品やプロジェクトが収まるべき落としどころを見つけてあげることだ、と私は考えていました。自分の好みよりも、いろんな人のアイデアやニーズや都合をまとめていく仕事。やりがいはあったけれど、私自身は、たとえるなら「飲み会ではじけたいけど、幹事だから酔えない」というような感じの、消化不良のもやもやを抱えていました。

　けれど、母のお店の企画をしている時は違いました。単純に、ただ楽しかったのです。もともと、母と私はセンスも似ているので、自分が好きなイメージをどんどんお店の企画に反映させても共感してもらえていました。自分が好きな企画を、好きなように考えることの楽しさ。母のお店の企画をしているうちに、自分が本当にやりたいこと、楽しいと思えることが何なのかが、はっきりわかってきたのです。

「私、おかあのこのお店の企画が終わったら、次は自分のお店を企画してみようかな」

　思いつきで私がそう口にすると、母は言いました。

「じゃあ、初めからあなたのお店にすればいいじゃない。私は、あなたのお店でちょこちょこ料理をつくらせてもらえれば、それでいいから」

……なるほど！

母の影響で、私も料理を人につくってあげたり、おもてなしすることは好きでした。実家にいる頃から来客は多かったし、私もよく友人を家に招いて、母に料理をふるまってもらっていました。そういう習慣があったからか、一人暮らしの時も、女友達三人と共同生活をしていた時も、家に友達を招いて飲み会をやっては、自分でつくった料理でもてなしたりしていました。実のところ、私は母に料理を教わったことはほとんどなく、自分で味見しながら料理を覚えました。なんとなくおいしいものはつくれていたけれど、もちろんその頃の私の料理は、お店でお客様にお出しできるレベルのものではありませんでした。

けれど、私が好きなこと——人をおもてなししたり、料理をしたりすることなら、私も楽しく企画し続けることができるような気がしました。それに、母が料理をしてくれるのなら、私の思い描くお店がつくれるかもしれない。

もちろん、そういう思いつきだけでは、実際にお店を始めることも、続けることもできません。それから約一年の間、私は何度となく自問自答をくりかえしました。やりがいのある仕事と何の不満もない報酬を手放してまで、自分はお店を始めたいんだろうか？　収入は大幅に減るだろうし、体力的にもきついに違いありません。周囲の人にも「本気なの？」「もったいない！」と何度も言われました。

けれど私は、結局一度も「やっぱりやめようかな？」とは思いませんでした。この先、十年後も同じように自分が広告代理店の下請けとしてプランナーの仕事をしているとはあまり想像できなかったし、やりたいとも思えませんでした。それよりも、目の前にいる人を笑顔にできるような「人を感動させる仕事」を十年後にはやっていたかった。そうしてお店という仕事を選ぶことで、懐ではなく、心を満たせるようになることを、私は切に求めていたのだと思います。

私はますます、「自分のお店をつくる」という企画にのめり込んでいきました。自分のお店、つまりそれは「自分が行きたいお店」をつくるということ。雰囲気は？　どんな料理を？　価格帯は？　場所はどこで？　コンセプトは？　考えなければならないことは山積みでしたが、それが全く苦ではありません。考えれば考えるほど、楽しくなっていく。

よし、やっぱりやるしかない！

こうして、思い込むと一直線、がむしゃらな私のお店づくりが始まりました。

人を笑顔にする仕事

「私、自分のお店をつくろうと思う」とミヤザキが言った時、「僕はやらないけど」と答えたのを憶えています。自分はまだ、そんなことをやれる状態ではないような気がしていたので。

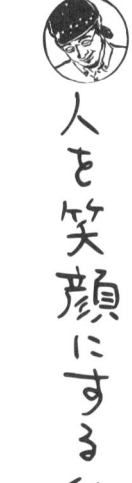

三十歳近くになるまで、僕には職歴らしい職歴がありませんでした。山口の実家から、好きな音楽をやりたいと思って上京した大学時代。でも、「自分は音楽でやっていけるようになるのか？　勝負できるのか？」と考えると、自信が持てない。だからといって、簡単にあきらめることもできない。堂々めぐりをくりかえし、悩んだあげく、僕はそれまでつくりためてきた曲たちをサウンドエンジニアの知人に録音してもらうと、いろんな答えを先送りするかのように、旅に出ました。一年二カ月、北半周一周、二十五カ国をめぐる旅。

知らない国、知らない街、知らない人々。大学で勉強していたにもかかわらず、まったく役に立たない英語。タクシーに乗る、ホテルに泊まる、コーヒーを飲む……何でもないことなのに、異国というだけで、何から何まで初めての体験。誰かの優しさや、小さな出会いと別れ。どうしようもなく向き合わなくてはならない、自分自身の臆病さ——。そんな旅の日々の中で経験したり感じたりしたことを書き綴るため、僕は『まるお通信』という個人的な旅行新聞をつくることにしました。紙にロットリングでイラストや文章を書き、それをコピーして、行く先々の国から手紙とともに日本の友達に送り続けたのです。

カンボジアで、僕は一人の女の子と知り合いました。彼女は自分で旅をするだけでなく、旅人から旅人へ、一冊のノートを託して旅をさせるんだと張り切っていました。その頃にはずいぶん旅慣れていた僕は「そんなの、うまくいくわけないさ……」と思いつつも、アイデア自体はすごく面白いと感じたし、そんな企画を思いつく人がいるのかと驚きました。その企画を立てたのが、彼女の友達であるミヤザキでした。

長い旅を終え、実家のある山口に戻った僕は、あまりにも圧倒的な旅の熱をもてあましていました。旅でインプットされたものが多すぎ、混沌《こんとん》としていて、それをうまく消化して音楽という形に結びつけることができない。どうにもできないもどかしさを抱えつつ、それでも自分にできることからと、旅の最中に書き綴った『まるお通信』を地元の新聞広告社に売り込みに行き、月二回ずつ、一年間の連載をさせてもらうことになりました。でも、その報酬は高校生のお小遣いほどの金額でしかなく、実家の自動車整備工場を仕方なく手伝う日々。あいかわらず熱のやり場も、自分の居場所も見つけられませんでした。

二十七歳になった僕は、新聞の連載が終わったこともあって、再び上京することにしました。ビル清掃やサウナの受付などのアルバイトをしながら、やっぱりあきらめきれず、小さな風呂なしアパートで少しずつ音楽をつくりはじめました。その頃、山口にいた時から時々メールをやりとりしていたミヤザキと初めて会うことになりました。『まるお通信』や僕の音楽を気に入ってくれていた彼女と僕はすぐに意気投合し、仲間たちとともに小さな同人雑誌『さはん』をつくりはじめ……ほどなく付き合うようになりました。でも、僕はまだ、自分自身をもてあましたままで、その頃、すでにバリバリのプランナーとして活躍していた彼女と比べたら、能力もキャリアも年収も、天と地ほどの差がありました。

そんなある日、ミヤザキが、彼女が企画を手がけている乳製品のチラシのデザインをしてくれないか、と僕に聞いてきました。めいっぱいのスケジュールで作業してもらっているデザイナーさんにそういう細かい仕事を頼めないでいたところ、Ｍａｃのソフトを使って『さはん』のデザインやレイアウトをしていた僕なら、少しはできるのではないかと考えて、依頼してくれたのです。

「そんなことできないよ」と、簡単に断ることはできませんでした。僕は何一つちゃんとした仕事ができないまま、次の春には三十歳を迎えようとしていました。その小さなチラシをつくる仕事は、溺れかけていた僕に差し出された、一本のわら。僕はそのわらに手を伸ばし――とにかくデザイナーになってやろう、と決心しました。

どんな仕事でも、僕のデザインに対するミヤザキのディレクションは、常に的確でした。どこをどうしたらよりよいデザインになるのか、根掘り葉掘り聞く僕に、彼女は徹底的に理詰めで答えてくれました。そうやって少しずつデザインの仕組みがわかってくると、彼女が持っているイメージをどうやって形にするかを考えながら、細かいところまで丁寧につくり込んでいくことが、どんどん面白くなっていったのです。もともと研究熱心な性分だったのも幸いして、経験を積むうちに、僕は少しずつ、いろんなデザインの仕事をさせてもらえるようになっていきました。

そうして、ようやくデザイナーとして一人前になりつつあった頃に、ミヤザキが

「自分のお店をつくりたい」と言い出したのです。

ミヤザキのお母さんが大病を患ったあとだったので、単にお母さんを励ますために言っているのだろうと最初は思いましたが、よくよく聞いてみると、どうもかなり本気の様子。降って湧いたような提案だけど、確かに魅力的にも思えました。でも、当時の僕には、もっと経験が必要でした。自分の力にきちんと自信を持てるようになることで、初めて、ミヤザキやミヤザキのお母さんのようにきちんと仕事を積み重ねてきた人たちと、肩を並べて働くことができる。それにはまだ自分は力不足。今はまだ、納得できるまでデザインの仕事を続けてみたい。僕はそう思ったのです。

でも、それから一年くらい経って、デザインの仕事がどんなものなのかということがある程度わかるようになると、僕の気持も少しずつ変わっていきました。デザイナーとしての自分の限界が、何となく、わかってしまったような気がしたのです。

自分がどんなタイプのデザインが得意で、どんなタイプのデザインが苦手なのかがわかってくると、仕事をしていく上では、苦手なタイプでも高いクオリティでこなせるようになりたいと思うようになります。でも、僕にはその苦手をカバーできるだけの才能があるようには思えない。デザインの仕事をやればやるほどその限界は、結局変わりそうにないと実感するようになりました。

だったら、自分が得意なことだけをやればいいんじゃないか？　誰かから依頼される仕事ではなく、自分たちがやりたいことを、自分たちの力とやり方でやればいいんじゃないか？　僕にとってそれが、「自分のお店をつくる」ということなんじゃないか？　ミヤザキのお店の企画が少しずつ動きはじめるのに歩調を合わせるように、僕はそう思うようになりました。

世界一周の旅の途中、トルコのイスタンブールという街に滞在していた時のこと。泊まっていた安いゲストハウスのカフェで働くルーマニア人のおばちゃんに頼まれて、僕はカフェのウェイターとして毎朝働いていました。ゲストハウスには欧米人だけでなくいろんな国の人が泊まっていたし、そもそも僕自身もたいして英語がうまくなかったので、僕はすべてのお客さん相手に、日本語だけで接客していました。ちょっとふざけて身振り手振りが大げさな、おせっかいで、とびきり笑顔のファストフードの店員みたいに。

最初はちょっとびっくりされるお客さんも多かったけど、こっちが笑顔でやっていれば、みんなそれを面白がってくれる。言葉は伝わらなくてもコミュニケーションは取れていたし、英語がしゃべれないルーマニア人のおばちゃんとのチームワークもバッチリ。早起きしなければいけないのが玉にきずでしたが、お給料代わりにおいしい朝食を腹いっぱい食べさせてもらえたし、僕も毎朝カフェに行くのを楽しみにしていました。

ある日、カフェのお客さんの韓国人の女の子が、こっそり僕に教えてくれました。

「あなた、欧米人のお客さんたちに何て呼ばれてるか知ってる？　〝朝のスマイリング・ボーイ〟だって！　結構人気なのよ！」

ミヤザキに「うちのお店のカリスマ店員になってね」と言われた時、僕はそんなことを思い出しました。きちんと人と向き合って、その人を笑顔にする仕事。小学生の頃はとにかく人を笑わせることばかり考えていたけど、やっぱり、自分はそれに向いているのかもしれない。

よし、やってやる。僕らのお店をやろうじゃないか！

ふだん着のごちそう

母とｏｋａｙａｎが一緒にお店をやってくれることになり、少しずつ見えてきたお店のイメージ。さらに企画を具体化させていくうちに、ふと思い浮かんだのが、深澤圭子――フカザワのことでした。

私とフカザワは、ともに三鷹で育った、子供の頃からの友達。ずっと「大の仲良し」だったわけではないけれど、二人とも絵を描いたり文章を書いたりすることが好きだったので、季節ごとの手紙のやりとりや、時には仲間と一緒に会ったりと、良い距離で長い付き合いをしてきました。私とｏｋａｙａｎが同人雑誌『さはん』を始めた時も、フカザワに声をかけると「やる！」と二つ返事で参加してくれることに。大人になって急速に仲が深まった友人でもありました。私も『さはん』の活動をする中で、彼女の「ものづくり」への愛情や仕事に対するひたむきさ、そして事務処理能力の高さを目の当たりにしていました。まだお店の企画がおぼろげだった頃、私が「お店をやりたいと思ってるんだ」と口にすると、フカザワも「ほんと？　じゃあ私も雇ってね！」と半ば冗談で言ってくれていたのです。

当時、フカザワは大きな企業で経理の仕事をしていましたが、「このままOLを続けていたら、十年後の生活も想像できる……」と、閉塞感に近いものを感じていたようです。その一方で、趣味のお菓子づくりを発展させたお店をやってみたいと空想したりしていたけれど、現実的に考えれば一人では無理で、友人を招いてお茶会を開いたりするのにとどまっていました。私のお店の企画でも、デザートをどうするかと思案していたところだったので、ちょうどいいかも、と一緒にやる気持があるかどうか軽い気持で聞いてみようと思いました。

ところが、母とokayanにはものすごく反対されました。

「圭子ちゃんは今、ちゃんとした会社で働いているのに、気軽に雇ってしまって、お店がすぐにダメになってしまったらどうするの？　クビです、なんて言えないでしょ！」

「……じゃあ、私たちが雇うんじゃなくて、圭子ちゃんに少しでもいいから出資してもらって、私たちと同じようにオーナーになってもらうとしたら？　出資してでもいいからやりたいかどうかって聞いてみるのはどう？」

「……だったらいいけど」

二人を説き伏せはしたものの、内心「どうかなあ」と思いながらフカザワに聞いてみると、

「やります！」

即答でした。『さはん』に誘った時もそうでしたが、フカザワの決断力にはいつもはっとさせられます。それから会社を辞めるまでの間、彼女は働きながら勉強して、お店の業務を支えるための簿記の資格も取ってくれました。お菓子づくりは趣味でやってきたから力になれるかどうかわからないけれど、経理の仕事は自分がしっかりやらなきゃ、とがんばってくれたのです。


こうして、料理長の母、店長でプランナーの私、カリスマ店員でデザイナーのｏｋａｙａｎ、デザートと経理担当のフカザワという、まったく違うタイプの四人のオーナーが揃いました。会社組織にした方がいいかもとは思いましたが、最初は共同オーナーという形で始めることにしたのです。

私とｏｋａｙａｎも、二〇〇三年の秋頃には、年内でプランナーやデザイナーとしての仕事を辞めることをクライアントに宣言。いろんな人に「お店をやりながら、プ

ランナーの仕事もやればいいのに」と言われましたが、私には「お店は片手間でできるものじゃない。やるなら全力！」という思いがありました。

こういう私の「全力魂」は、思えば中学生の頃から始まりました。中学二年、受験のための三者面談。担任の先生が母と私を前にこう言いました。

「お前は能力はある。なのに、どうしてその能力を半分……いや、三十パーセントしか使わないんだ？　本当は、やればもっとできるだろう？」

そうか、私、全力でやってない。楽にできる範囲で、まあまあの結果で満足している。でも、もし全力でやったら……もっとすばらしい結果が出るのかな？

それ以来、私は好きなことに対しては、全力で取り組むようになりました。時には苦手なことでも、好きになりたいと思ったら全力を出す。やってみると、これが、すごく気持ちいい！ということを知りました。

そうして全力で取り組んでいると、いい結果を生むこともありますが、失敗すればその分、辛い思いをします。猛スピードで走ると、壁にぶつかった時にものすごく痛いように。でも、「全力でやらなかったから、失敗しても仕方ない」と言い訳はしたくない。痛いのは嫌だからと壁にぶつかることを恐れてスピードを緩めて、かすり傷一つ負わないというのは、かっこ悪い生き方だと思うのです。

やるなら全力で、勝つつもりでやる。お店ひとすじ！

いよいよ、絶対に引き返せないところまで走っていくことになりました。


自分のお店をつくるなら、どんなお店にしようと思ったか？

プランナーをしていた頃の私は、仕事柄、外食の割合が多い生活を送っていました。昼は毎日のように外で、夜も週の半分は外で食べていました。するとどうしても、だんだん飽きてきます。東京にはたくさんのお店がありますが、どんなにとっかえひっかえ、いろんなお店に行っていても、やっぱり飽きてしまうのです。

「肉じゃがといわしの煮つけとか、ポテトサラダと南蛮漬けとか、おうちで出てくるような普通のものが食べたい……」

ところが、どこにもそんなお店がありません。お刺身やお肉などの素材勝負のお店や、創作料理の名を冠した居酒屋……。意外と、普通のものをきちんと手間をかけて調理したメニューのあるお店がないのです。

だから、自分がお店をやるのなら、普通のものが普通に食べられるお店にしたいと思いました。若い人にも気軽に来てもらえるようにしたいけど、小洒落たカフェなどでは断じてない。素朴で何気ないけれど、きちんと手間をかけてつくられたおいしい

家庭料理を、いつでも気軽に食べられるお店にしたい。
そこから導き出されたコンセプトが、「ふだん着のごちそう」。
私が小さい頃から母がつくってくれていた料理を表したこの言葉が、私たちのお店の大切なコンセプトになりました。今でも、お店のことで迷った時、何かを決定する時、いつも立ち返る「初心」がこのコンセプトなのです。
このコンセプトを基にお店の名前を考えはじめた時、私は一軒のお店のことを思い出しました。以前、ｏｋａｙａｎと一緒にインドやネパールを旅した時、ネパールの首都カトマンドゥでの滞在中に毎日のように通っていた、看板もない小さな食堂。そこは昔、ｏｋａｙａｎが世界一周旅行の時にも通い詰め、自分の誕生日のお祝いもしてもらったという思い出深いお店。チベット風ののれんをくぐって中に入ると、いつも朗らかでやさしいおばちゃんが出迎えてくれました。ツボルグビールを飲みながら頬張る、モモ（チベット風餃子）やトゥクパ（チベット風うどん）、マサラ・パパド（辛い野菜ののったインド風揚げせんべい）のおいしかったこと。素朴な、でも手間をかけてつくられた、身体がほっとするような料理が食べられるお店――。

　壁に貼られたメニューの端っこに、そのお店の名前が小さく書かれていました。

「ｏｋａｙａｎ、このお店、リトルスター・レストランって名前なんだって！」

物件との出会い

お店の物件を探す前に、考えておかなければならないことがいくつかありました。ここは、プランナーでもある私の本領を発揮すべきところです。

まずは立地。最寄駅として候補に挙がったのは、ＪＲ中央線沿線の吉祥寺、三鷹、武蔵境の三駅。母や私、フカザワが長年暮らしてきた三鷹周辺の地域なら、何がどこにあるのかをいろいろ知り尽くしているので、「地の利」があると思ったのです。集客性を考えると駅からの距離も大事ですが、あまりにもにぎやかすぎる環境も避けたい。素朴な家庭料理をゆっくり楽しんでもらえるような、落ち着いた雰囲気を演出したいと思いました。

物件を決めるのに必要な要素は、立地以外にもいくつかあります。

まず私は、お店で働くオーナー四人の給料の目標額を決めることにしました。オープンしてすぐには無理でも、「そのうち、このくらいはもらえるようになりたい」という目標金額です。その合計金額を月間売上の三十パーセント以内にできるような月間の売上目標金額を決め、それから逆算して、平日と週末それぞれの一日平均の売上目標金額を算出。当時の私たちの場合は、一日平均の売上目標金額を十一万円程度と考えました（この目標設定は、かなり見込みが甘かったと思います。今はこの売上目標金額に到達できるようになってきたものの、働いている人の数はアルバイトスタッフも含めると倍以上になっています。私たちオーナーの給料は、未だに当初の目標金額に届いていません）。

さらにそこから、時間帯ごとの売上目標金額を算出します。リトルスター・レストランでは、ランチタイム、ティタイム、ディナータイムでそれぞれ異なるスタイルのメニューを出すことを考えていました。三鷹周辺という立地や周囲のお店の価格帯、そして自分たちの思う値頃感を考えて、先に客単価を設定することにしました。お客様が少ないであろうティタイムを除いて、ランチは一人あたり八五〇円、ディナーは一人あたり二千五百円くらい。それぞれ一日に一、二回転するとして、売上目標金額に到達するためには、客席が二十五～三十席ほど必要になります。

そうなると、お店の物件にどのくらいの広さが必要かがわかってきます。キッチンやバックヤードを含めると、二十五～三十坪くらいが適当だと私は考えました。お店の家賃は、週休一日、月に二十五日営業する場合、三日分の売上で払える程度にしておくべきという話を聞いていたので、私たちの場合、家賃は月に三十万円程度を目安にしました。あと、店舗用の物件を借りる場合は、保証金がかなり高くつく場合が多いので注意が必要です。母からは「借金だけは絶対にしたくないから！」ときつく言われていたので、保証金の額は物件を決める際の大きなポイントになりました。

候補地の中で、武蔵境は早い段階で候補から外しました。街を見て回ったところ、武蔵境に住んでいる人は駅前の大型スーパーの利用頻度が高く、移動にも車を使う場合が多いようでした。車での移動が中心になっている街だと「ぶらぶら歩き」率も低いので、新しくお店を始めるには不利だと思いました。

また、吉祥寺で条件を満たすのも難しいことがわかりました。いくつか見せてもらった物件は妙にお洒落すぎる上、広すぎるか狭すぎるかのどちらかで、ちょうどいい広さの場所がない。保証金もものすごく高くて、私たちにはとても手が出なかったのです。

こうして、候補地は自然と三鷹に絞られていきました。

ある日、フカザワが「毎日歩いている道沿いに、前から気になっている物件がある」と教えてくれたので、ちょっとのぞきに行ってみることにしました。

三鷹駅南口からまっすぐ伸びる中央通り商店街を歩いて五分。一階におもちゃ屋さんと八百屋さんが入っているレンガ色の外壁のビル。古めかしいエレベーターに乗って四階に上がると、ガラス扉の向こうに、がらんとした何もない部屋がありました。通り側に面した大きな窓、シンプルなコンクリートの壁――。

その瞬間、ここで働いている自分のイメージ、お店の佇《たたず》まいのイメージが、鮮やかに湧いてきました。理屈でも何でもなく、直感で。

後日、正式に大家さんに問い合わせて内見に行ってみると、サイズ的にもちょうどよく、家賃も許容範囲内。保証金もびっくりするほど安い。唯一、ビルの四階というのがネックでしたが、飲食店として利用したいと大家さんに相談すると、大家さんが事務所として使っている三階を空けてもいいと申し出てくれました。四階と三階とでは条件がかなり違います。私たちはすっかりこの物件が気に入ってしまいました。

ほかにもいくつか候補は出てきましたが、立地、建物の雰囲気、広さ、家賃、保証金、周囲の環境など、どれをとってもこの物件が一番私たちの希望に合っていましたが、何より、最初に見た瞬間に湧いたインスピレーション。これはもう決めるしかありません。

二〇〇四年三月五日、ついに契約。保証金、礼金、前家賃、仲介手数料を緊張しながら口座に振り込みました。こんな大金の振込なんて、今までしたことがありません……人生最大の買い物です。契約書にサインをして印鑑を押し、いよいよ正式にこの物件が私たちのものになりました。物件が決まって、目標も何もかも、すべてが決まりました。これから開店まで、大忙しの日々が始まります。

壁は自分たちで塗る!!

物件の契約をしたら、家賃が発生します。お店の開店が遅れると、それだけロスが大きくなってしまうので、急がなければなりません。

お店の内装工事をお願いすることにした建設会社の方が、一人の設計士さんを紹介してくれました。一級建築士事務所エスの加藤幸彦さん。この出会いは私たちにとって、お店をつくっていく上でとても重要なものになりました。加藤さんは親身になっていろいろと相談にのってくれ、私たちのわがままも聞いてくれ、何より、私たちの企画をとても面白がってくれたのです。

最初の打ち合わせでは、リトルスター・レストランのコンセプトや雰囲気を加藤さんに理解してもらうことから始めました。お店の事業計画書や、内装の資料用に作成したアイデアシート、雑誌で見つけて「いいな」と思ったお店やインテリアの写真の切り抜きなどを見せながら、私たちが持っているイメージを伝えたのです。

私たちがイメージしていたのは、木や石やガラスといった、自然に近い素材感の内装でした。濃い茶色のフローリング、黄味がかった白い壁、素朴なガラスの照明、客席を見渡せるオープンキッチン……。お客様だけでなく、自分たちスタッフも心地よく過ごせる空間。自分たちにとって居心地のいい空間をつくり、それに共感してくれる人たちが集まるようなお店を目指している、と。加藤さんは熱心に話を聞いてくれて、「きっといいお店になりますよ！」と私たちに自信をつけさせてくれました。

その次の打ち合わせでは、加藤さんが描いてくれたラフスケッチを見せてもらいながら、お互いの方向性が異なっていないかどうかを確認しました。大まかな方向性は合っていたものの、提案されたスケッチは、私たちが考えていたよりも少し凝った造りの空間でした。つくりつけの棚があったり、家庭料理の店ということで用意した小上がりがあったり……。設計士さんですからいろいろと工夫してくださるのは当然なのですが、私たちが求めていたのは、もっとシンプルな、あとから自分たちでいくらでもアレンジできる空間でした。凝った構造物を設置することで、自由度が低くなってしまうことは避けたかったのです。

私たちは詳しい要望を加藤さんに伝えるとともに、正式に設計をお願いして、ラフではない設計図を作成してもらうことにしました。イメージをより具体的に伝えるため、お店でBGMとして流そうと思っている音楽を聴いてもらったりもしました。

約十日後、加藤さんが最初の設計図を提案してくれました。基本的には私たちも気に入ったのですが、そのプランをもとに算出した見積もりだと、当初考えていた予算の倍近くかかってしまうことが判明。もちろん、その考えていた予算は最小限のもので、その範囲内で収めるのが難しいことは私たちもよくわかっていました。借金をしてでも内装にお金をかければ、いいものはできるかもしれない。けれど私たちは、限られた予算の中で、背伸びすることなく、できるだけいいお店をつくりたい。お金に頼らず、なるべく自分たちの工夫や努力で乗り切りたかったのです。

するとと、建設会社の方がこんな提案をしてくれました。

「壁にくっついている石膏ボンドをみなさんではがして、ペンキで塗装もやってもらえれば、少しはコストダウンできますよ」

私たちが借りる物件はスケルトン状態になっていたのですが、壁面には前の内装の壁材を接着していた石膏ボンドがくっついたままの状態でした。これを自分たちできれいにはがしてからコンクリートをペンキで塗装すると、内装工事費がかなり安くできると提案してくれたのです。

「やります！　お金はあまり使えないけど、身体ならいくらでも使います！」

こうして私たちは、大工さんたちの了解を得たあと、着工前に壁と天井の塗装をすることになりました。

壁にこびりついていた石膏ボンドは、ノミのような形の道具を壁とボンドの間に当て、ハンマーで叩いてはがしていきました。力のいる作業でしたが、私の父や友人に手伝ってもらったり、お昼には母がお弁当を差し入れに来てくれたりしたので、イベント気分でどんどん作業は進みました。

翌々日には、石膏ボンドをはがした跡にヤスリをかけてなめらかにしていく作業。コンクリートが大きく欠けていた部分は、私がにわか左官職人になって修繕したりもしました。それが終わったら、ペンキを塗る前の下地づくり。下地塗料を、角や凹みの部分はハケで、壁の主な部分はローラーで塗っていきました。天井や壁の高い部分は水分を含んで重くなったローラーの取っ手を伸ばして、上に向かってコロコロと塗っていくのですが、ローラーの重みがこたえて、二の腕がプルプルしてきます。これまでの作業はみんな黙ってコツコツ働いていたけれど、この時は思わず悲鳴が出るほどの重労働でした。

そしていよいよ、ペンキ塗り。お店のために選んだペンキは「ソフトムーン」というクリーム色。リトルスター・レストランなので、「星と月だね！」と喜ぶ一同。下地塗りの時と同じようにハケとローラーを使って塗っていきましたが、コンクリートが透けて見えないように日を空けて二度塗り作業に入る頃には、みんなかなりの「ローラー使い」になっていて、きれいに仕上げることができました。上を向いてペンキを塗っていると、ピッ、ピッと細かい跳ね返りが飛んできます。塗装作業を終えたみんなの顔には、たくさんの白いペンキがくっついていました。

慣れない作業で、首の後ろや二の腕など、普段使わないところが筋肉痛になり、それが治らないうちに次の作業でまた筋肉痛に……。でも、そんな筋肉痛さえも、私たちには勲章のように思えました。自分自身の手で仕上げた、お店の天井と壁。この壁塗り作業を体験できたことは、単に「コストダウン」という以上の意味を私たちにもたらしました。お店をつくるというのは、こういう地道な作業を積み重ねていくものなのか。お店への愛着、誇り……そういう思いを持つことができました。日に日に、私たちがつくろうとしている世界が見えてくる。壁塗りは、思っていた以上に幸せな作業だったのかもしれません。

客席とつながるキッチン

私たちオーナーの中で、飲食店の厨房で働いた経験があるのは母しかいませんでしたが、それでも私は素人なりに、自分たちのお店のキッチンに対するイメージを持っていました。

それは、「客席とつながるキッチン」。

オープンキッチンのスタイルで、なるべく客席を見渡せるキッチン。逆に言えば、お客様からもつくり手の顔が見えるキッチン。料理長である母はもちろん、料理人としてキッチンで働くことになる私は、お客様の顔を見ずにひたすら料理と向き合うキッチンというものを敬遠していました。単に「寂しいのは嫌い」ということもありましたが、自宅で友人をもてなすように、キッチンで料理をしながらお客様の様子も見て、料理やお酒をお出しする……そういう感じで働きたいと思っていたからです。

具体的なキッチンの設計に入る前、私は合羽橋にある厨房機器店に自作の大まかなキッチンのラフスケッチを持ち込んで相談し、設計図を描いてもらい、見積もりをつくってもらいました。その見積もりを建設会社の方に見てもらったところ、「すごく安いですね！　機器は本当に新品ですか？」と言われました。これで相場はわかりましたが、私たちはその上でさらに、厨房機器の卸の会社に勤めていたフカザワの妹の旦那さんに「この見積もりより、もうちょっと安くしてもらうことはできますか？」と聞いてみました。すると、もう少し安い見積もりを出してくれたのです。複数の会社で見積もりを取ることは大切だな、と思いました。建設会社の方にもお願いして、外部から業者さんが入ることを了承してもらいました。壁を自分たちで塗らせてもらえたことといい、建設会社の方がいろいろと融通を利かせてくれたのには、本当に助けられました。

いろいろと検討した結果、私たちが導入する厨房機器は次のようになりました。

- 三口ガスコンロ×一台
- 二口ガスコンロ×一台
- 換気扇×一台
- ガス炊飯器×一台

・精米機×一台
・保温ジャー×一台
・IH調理器×二台
・オーブンレンジ×二台
・冷凍冷蔵庫×二台
・コールドテーブル（下が冷蔵庫になっている作業台）×二台
・日本酒用冷蔵庫×一台
・ビールグラス用冷蔵庫×一台
・ビールサーバー×一台
・製氷機×一台
・給湯器×一台（家庭用）
・二槽シンク×一台
・ドリンカー用シンク×一台
・浄水器×一台
・食器洗い機×一台

これらのうち、食器洗い機は最初は用意していなかったのですが、すぐに必要性を痛感して、開店して一カ月くらい経った頃に入れています。ＩＨ調理器も、ランチのお味噌汁の保温用などに追加しました。

ここで紹介したのは、あくまでも私たちのお店での場合です。どんなメニューを出すかによって必要な厨房機器も変わってきますから、打ち合わせの時には、お店で予定しているメニューを見せながら相談するといいと思います。ちなみに、揚げ物の調理はフライヤーを使った方が楽だと言われますが、フライヤーは高価なのと、天ぷら鍋の方がこまめに油を替えられるという理由で、私たちは導入を見送りました。実際に使ってみると、細かな温度調節もできるし、より繊細な調理ができるので、天ぷら鍋にしてよかったなと思います。その分、調理の腕はしっかり磨く必要がありましたが……。

こうして必要な厨房機器が把握できたところで、設計士の加藤さんに機器の一覧を渡して、キッチンの具体的な設計に取りかかってもらいました。必要な厨房機器がきっちり収まり、追加で何かを導入する時にも余裕があり、自分たちが動きやすい。そんなキッチンの設計が徐々に固まっていったのです。そうしてできあがったのが、

キッチン（ホール側から見た図）

出入口が二つあるL字型のオープンキッチン仕様。「客席とつながるキッチン」を希望していた私たちにとって、まさに望み通りのキッチンになりました。

その後も何度も打ち合わせを重ねて、細かい部分を削除したり調整したりしながら、お店全体の設計を詰めていくうちに、予算的にも何とかなりそうな感じになってきました。ただもっと安くするだけなら、ほかにも方法があったかもしれません。けれど、この物件でずっとお店を続けていくつもりなのに、細かいところで安普請になったり、使い勝手が悪くなったりするのは避けたいところ。予算的にはまだオーバーしていましたが、私たちがお店に求めるクオリティを実現す

ドリンカー（キッチン奥から見た図）

るには、これ以上素材や仕様を変更することはできません。それに、目標にしているお店のオープン日を考えると、一日も早く工事に入らなければなりませんでした。

私たちは設計にOKを出し、内装工事に入ってもらうことにしました。いよいよ着工です。

思い描いたイメージを目指して

昔から私は古道具が好きで、自宅には、おばあちゃん譲りの茶箪笥《ちゃだんす》や古道具屋さんで見つけた小引き出し、こっそり拾ってきた昔のレコードラックなどの古い家具があふれています。使えば使うほど味の出る木製の家具や、ガラスや石や鉄などの自然に近い素材の小物には、不思議なぬくもりと安心感がある。そういうほっとする雰囲気のインテリアを私たちの新しいお店でも実現できれば、お客様も心穏やかにくつろげるのではないか、と考えました。けれど、古道具だからといって、安直に「和風」のテイストで決めすぎてしまいたくはありません。「和風」というより「昭和風」。さらに、アジアっぽいものや素材感があるものを組み合わせることで、無国籍のオリジナルな雰囲気が出せるといいのでは、とも思っていたのです。

お店をつくると決めてから、私たちは街でインテリアショップを見かけたら、どこでものぞいてチェックしていきました。一番お世話になったのが、東北沢にあるアンティーク山本商店。地下一階、地上二階の店舗の中には、味わい深い木製の椅子や戸棚がぎっしりと並んでいます。アンティークの家具というと結構な値段がついていることが多いのですが、ここの家具は店舗に隣接する工房で若い職人さんたちによって丁寧にリペアされているので安心。しかも、びっくりするほど格安なのです。結局、最初に訪れた日だけで二十脚もの椅子を手に入れることができました。もちろん、中古の椅子なので形はバラバラですが、どれも味わい深くて、にぎやかで、ざっくばらんな感じが気に入りました。

ほかにも、ネットで探して見つけた、町田にある業務用リサイクルショップでは、昭和な感じのソファやテーブル、子供用の椅子などを購入。お店の顔となる入口のドアは、前から目をつけていた合羽橋のお店で、使い込まれた木の風合いの、懐かしい形をした引き戸を格安で購入しました。こうして身体と頭を使って何軒もお店を回っているうちに、家具の質感に対する値頃感を次第に理解できたり、時には掘り出し物を見つけたりすることができるようになりました。

決して主役にはなりませんが、照明も重要です。お店の空気に溶け込んでいながら、お客様を心地よくする照明があれば、とずっと考えていました。まだお店の名前とコンセプトしか決まっていなかった頃、とあるオンラインショップで見つけた、モ

ロッコ製の照明。ガラスとアルミでつくられたそのランプシェードは、立体的な星の形をしていたのです。まさにリトルスター・レストランにぴったり。ほかにも、色とりどりのガラスを組み合わせて小さな地球のような形にしたランプシェードもあって、「これだ！」と思った私は、すかさず二つとも購入。今考えると、このランプシェードたちと出会ったことで、お店のインテリアのイメージがどんどん固まっていったと言ってもいいかもしれません。

こうした内装を揃えていく場合、最初にきちんとしたイメージがないまま気に入ったものを漠然と集めても、まとまりがなくなってしまいます。何かを企画する時は、まずコンセプトをしっかりつくって、具体的な完成図を思い描いておくことが大切です。お店を始めようとすると、内装に限らず、メニューづくりからＢＧＭに至るまで、周囲の人がいろんな意見を言ってくれます。けれど、「こっちのデザインの方がいい」「このメニューを入れた方がいい」「この曲を流した方がいい」などといった表層的な意見はうのみにせず、コンセプトに合っているかどうかをきちんと考えて受け入れるべきだと思います。コンセプトがしっかりしていれば、そんないろいろな意見に惑わされることなく、統一感のあるイメージをつくることができるはず。コンセプトに合った意見なら取り入れてもいいし、合わなければ取り入れない。少々のことではブレないしっかりした芯がないと、そのお店の個性は出せないと思うのです。

食器を選ぶ時もそうでした。私たちのお店でお出しする料理は、母の家庭料理をベースにしたものですから、器があまりにも高級すぎると合いません。かといって、模様がプリントされているような安っぽいものでもダメ。ある程度の素材感があって、大量生産品でもちゃんとしたデザインで、手抜きした感じのしない器。毎日お店で使うものなので、繊細すぎる器はダメですが、しっかりした器ばかりでもつまらなくなってしまいます。限られた予算の中で、できるだけ「うちのお店らしい」ものを……と考えながら、私たちは器を揃えていきました。

一見普通に見えるけれど、しっかりとした実のあるインテリアや食器。それはリトルスター・レストランでお出しする料理の発想にも通じる、大切なものなのです。

メニューと業者さんを決める

毎日でも食べ飽きない「ふだん着のごちそう」。リトルスター・レストランでお出しするメニューは、母がつくる家庭料理をベースに考えていました。けれど、おいしいものなら何でも出すというわけにはいきません。どこまで仕込んでおけるか、どのくらい調理に手間がかかるか、というオペレーションの面を考えると、おのずとお出しできるメニューは限られてきます。

ランチタイムでは、「ランチといえばこれでしょ」という私の直感で、チキンカレーとハンバーグの定食をレギュラーでお出しすることにしました。チキンカレーは、根っからのカレー好きを自認する私の好みもあって、家庭風だけど風味は本格的、スパイシーでコクがありながら、食べるとごはんが進む日本風のカレーを目指すことにしました。カレーのルーはインド直輸入のスパイスをブレンドして、オリジナルのカレー粉からつくることにしました。が、何度か試作を重ねたものの、タマネギ

の炒め具合とか、スパイス以外の調味料とか、ほんのわずかな差で変わってしまい、なかなか味が決まりません。結局、開店してからも試行錯誤をくりかえすことになりました。

ハンバーグは、箸でも食べられるくらいふっくらとしたものに、ケチャップをベースにした家庭的なソースをかけることにしました。実は、私はそれまでハンバーグをほとんどつくったことがなく、母も唯一の不得意な料理がハンバーグでした。なので、ｏｋａｙａｎのお母さんやフカザワのお母さんにつくり方を教わったりして、牛肉と豚肉の混合比率、タマネギやパン粉の入れ具合、肉の練り加減など、何度も試作を重ねました。実は、プレオープン前日に最後の試作としてつくったハンバーグは、塩の分量を間違えて、ものすごくしょっぱくなってしまったという事件が発生。ｏｋａｙａｎもフカザワも「ちょっと！　大丈夫?!」と青くなったのは言うまでもありません。

ランチではチキンカレーとハンバーグ以外にも、母が腕を振るう日替わりメニューをお出しします。アスパラガスの豚肉巻きフライ、サバのごま味噌煮、ししゃもの南蛮漬け……。いずれも「ふだん着のごちそう」というコンセプトを基に考えたメニューです。こうしたランチメニューに小鉢やお好みのドリンクをセットにして、八五〇円という価格でお出しすることにしました。

お客様にゆったりと読書やフリースポットでのインターネットを楽しんでいただくティタイムは、お菓子づくりが得意なフカザワのデザートをお出しするための時間として考えました。フカザワには、これも私の直感で、リトルスター・レストランの定番メニューとして、チーズケーキとパウンドケーキをつくってもらうことにしました。家庭的な、素朴で甘さ控えめのデザートです。

そしてディナータイムは、まず、いつでも安心して食べられる定番のメニューを約八品。母が得意な厚焼き玉子は、卵五個を使って出汁《だし》と砂糖でふんわり焼き上げるもの。焼きたての甘い香りや柔らかい食感を楽しんでもらいたいので、オペレーション的には大変ですが、つくり置きはせずに注文が入ってから銅の玉子焼き器で一本ずつ焼くことにしました。鶏の唐揚げはよく下味をつけてから二度揚げして、外はカリッと、中はジューシーに。自家製がんもは生姜《しょうが》醤油《じょうゆ》か揚げだしの食べ方が選べるように。豚の角煮は香味野菜と一緒に一度煮込んでから冷蔵庫で一晩寝かせ、さらに味つけして煮込んでから蒸して仕上げて。ポテトサラダには秘密の隠し味を……といった具合に、ラインナップを整えていきました。また、これらの定番メニューに加えて、旬の食材を使った日替わりメニューを用意して季節ごとの変化を持たせ、さらに、

「晩酌派」ではなく「ごはん派」のお客様のために、おかずにプラス三〇〇円でごはんと味噌汁、お漬け物がつく「夕ごはんセット」も用意することにしました。

こうしてメニューが具体的に決まってくると、どんな業者さんと契約をすればいいかということも見えてきます。毎日大量に使うものもあれば、時々必要になるものもあります。何をどういう形で、どうやって仕入れたらいいのか？　私たちはタウンページなどを使って調べたり、知人の飲食店経営者の方に聞いてみたりして、検討を重ねました。

その中でも、お米だけは最初から仕入れ先を決めていました。それまで自分たちが自宅で食べていたものと同じお米を仕入れよう、と。

私がｏｋａｙａｎと一緒に暮らしはじめた頃から、ｏｋａｙａｎのお母さんは、地元の山口県阿東町のお米を私たちに送ってくれていました。初めは白米を送ってもらっていたのですが、ｏｋａｙａｎが近所の家電量販店で小さな家庭用精米機を買ってきたのをきっかけに、玄米で送ってもらったお米を、毎回食べる前に精米して炊くようになりました。このことで私は、精米したてのお米のおいしさと、五分づきや七分づきのお米のおいしさを知ったのです。特に、阿東町のある一軒の農家さんがつくっているお米が特においしいことに気づいた私たちは、ｏｋａｙａｎのお母さんにお願いして、その農家さんの玄米をお店用に送ってもらうことにしました。その農家さんでは、できるだけ農薬を使わない、有機農法に近いやり方でお米をつくっているのだそうで、帰省した際には田んぼを見せてもらったりもしていました。

その他の業者さんについては、次のような方々にお願いすることに決めました。

・酒店
・精肉店
・鮮魚店
・青果店
・生鮮以外の食品卸店
・卵販売店
・氷販売店
・コーヒー豆販売店
・紅茶販売店
・おしぼり業者

・制服のレンタル&クリーニング店
・ゴミ回収業者
・事務用品店

この中には、開店してから必要を痛感して追加した業者さんもあります。たとえば、卵販売店さん。卵は自分たちで買い出しに行くと、重いしかさばるし割れやすいしで、持って帰るのが大変なのです。制服のレンタルとクリーニングも一括してお願いしてしまった方が時間と手間を節約できますし、ゴミ回収業者さんはお店で出たゴミを毎日回収してくれるので、市の集配日まで溜め込まずにすむのです。

実際に業者さんにお会いして話を聞いてみなければ、わからなかったこともたくさんあります。たとえば、お店の「顔」の一つにもなるコーヒー。業者さんに話を聞いてみると、一般的なお店のランチコーヒーでは、業務用のマシンでつくったエスプレッソをお湯割りにしたコーヒーというのもよく出されているそうです。けれど、そんなお湯割りのコーヒーをお出しするのは、少しでもおいしいものをお出ししたいという私たちの信念に反するような気がしました。手間はかかっても、その都度きちんといれたコーヒーの方が絶対においしいはず。エスプレッソを単独で出すのでなければ、無理に高価なマシンを買わなくても大丈夫だとわかったので、私たちのお店では、オリジナルのブレンドをネルドリップでお出しすることにしました。

忙しいランチの時間帯にセットのコーヒーをネルドリップでお出しするというのは、オペレーション面で考えると本当に手間がかかることです。けれど私たちは、料理もコーヒーも、絶対においしいと思えるものでなければお出ししたくない。それが私たちのお店、リトルスター・レストランらしさだと思うのです。

途方に暮れたプレオープン

僕らがお店の準備に走り回っている間にも、内装工事は着々と進んでいきました。僕らはちょこちょこと差し入れを持って現場に伺っては、内装に関する細かいことをその場であれこれ相談しながら決めていきました。いくつかの小さな問題はあったものの、どうにか無事に厨房機器の取り付けも終わり、工事が完了してからの引き渡し予定日も決まりました。開店日は、六月一日に決定！　でも、それまでにやらなきゃいけないことが、山のようにありました。

飲食店をやっていくには、いくつかの必要な資格を取らなければなりません。まず、お店に必ず一人は必要な食品衛生責任者の資格。前に飲食店を経営していたミヤザキのお母さんはもちろんこの資格を持っていましたが、みんなで知識を持っておくのはいいことだし、講習に一日出れば取れる資格なので、僕とミヤザキとフカザワも講習に参加してテストを受け、三人とも資格をもらうことができました。
食品衛生責任者の資格を取ったら、保健所にお店の設備の検査をしてもらわなければ……というところまでは考えていたのですが、まったく思いつきもしなかったのが、消防署。リトルスター・レストランくらいの規模のお店では、誰か一人、防火管理責任者の資格を取らなければならなかったのです。このことは開店後に消防署の検査で指摘され、あわてて講習を受けに行きました。防火関連は資格だけでなく、大家さんと相談して消防計画などをつくって提出する必要もありました。

リトルスター・レストランはビルの三階という立地なので、お店の外装にはほとんどお金がかからなかったのですが、その代わりに絶対必要だったのが、外看板。設置できるスペースなどから考えた結果、歩道の脇に出す立て看板（これは後に東京都の条例が変わって、歩道に出せなくなったのですが……）、ビルの外壁につける小さな看板、そしてビル入口の壁に設置する、日替わりメニューや各種お知らせを告知するための黒板の三つをつくることにしました。ミヤザキは、看板はお店の「顔」になる部分だから、それを目にしたお客様が三階まで上がってきたくなるような、見た目的にも質的にもクオリティの高い看板をつくらなければならないと考えていました。そ

Little Star Restaurant
open!
8月4日(火)
Lunch Time
3F

こで僕らは、昔からの友人でよき理解者でもある芸術家の行本詩麻さんと鍛冶職人の中澤恒夫君に、看板の制作を依頼することにしました。

まず行本さんには、お店の象徴となるシンボルマークのデザインをお願いしました。いくつものイラスト原案の中から選ばれたのは、「青い星と鳥」のモチーフ。リトルスターは青い星、つまり「地球」でもあることに気づいた僕らは、このモチーフをさらに膨らませて、三つの看板のデザインにしてもらうようにお願いしました。看板の鉄の部分は中澤君、銅と木の部分は行本さんが制作。できあがってきたそれらの看板は、決して派手で目立つものではなかったけど、時が経っても色褪せず、むしろ味わいを増していくような、お店の「顔」にふさわしい看板になりました。ほかにも、行本さんはお店で使う銅製の灰皿を、中澤君は箸置きなどの小物のほか、知人から譲ってもらった古い本棚の棚板をお店の壁に取りつける鉄製の金具などをつくってくれました。この棚板を支える金具はシンプルで美しく、リトルスター・レストランのインテリアを彩る印象的なアクセントになりました。

フカザワは開店までに必要な事務手続きや経理の準備などのかたわら、デザートの試作をしたり、得意の手芸を活かして、窓を覆う白いロールスクリーンや昭和風のコースター、スタッフ用の紺色のエプロンをつくってくれました。開店には間に合わなかったけど、メニューブックのカバーも彼女の手づくり。ミヤザキはお店全体のプロデュースのかたわら、日本酒好きを活かそうと、勉強して唎き酒師の資格をとりました。僕は僕で、シンボルマークと組み合わせるお店の手描きロゴや、スタッフみんなが頭に巻く手ぬぐいなどのデザイン業務のほかに、お店で使うレジを比較検討したり、店内音響のスピーカーを調達したり、BGMの選曲をしたり……と、やってもやっても終わらないんじゃないかと思えるほど、膨大な量の仕事に追われ続けていました。

お店の告知手段としては、友人・知人に送るDMのほかに、『毎月新聞ごはん』という地元の方向けのフリーペーパーを自分たちでつくって、毎月発行することにしました。もともとミヤザキは、小学校から中学校にかけて何度も新聞係をやったほどの新聞好き。お店の宣伝をするにしても、チラシのように広告的なものじゃなくて、普通に読み物としても楽しめる、しっかりした内容のある新聞にしたいと思ったのです。全体の構成はミヤザキが考えてつくっていきましたが、ほかの仕事もあって原稿の執筆やデザインも思うようにはかどらず、創刊号からかなりの難産……。お店をやりながらこれを出し続けるのは大変だと思いましたが、僕らがどんな考えでこのお店を始めたのかをわかってもらうためには、この新聞はものすごく大事なツールです。だから、どんなに大変でも、何とか毎月出し続けよう、と心に決めました。読み捨てられない「ちょっと素敵なチラシ」。開店後も、店頭での告知にはもちろん、駅前でのビラ配りや深夜のポスティングの際に、この新聞は役立つことになりました。

『毎月新聞ごはん』とは別の告知手段として考えたのが、お店のブログ。僕はそれまで、すばらしいデザインや機能を備えた飲食店のウェブサイトは数多く見てきたものの、毎日更新されている例は見たことがありませんでした。ウェブサイトは、頻繁に更新されるからこそ何度も見にきてもらえるもの。当時、ブログというのはまだそんなに一般的ではなかったのですが、調べてみると、ブログを動かすムーバブルタイプというソフトはなかなか使いやすく、お店の空き時間でも簡単に更新できそうだということがわかりました。お店の日替わりメニューのお知らせやその日にあった出来事を、短時間でタイムリーに書けるのは面白そうだと思ったのです。

実は僕らは、お店の準備を始めて間もない頃から、「お店ができるまで」というプレサイトをブログで更新していました。僕らがお店をつくろうと思い立った時、ネットで検索しても具体的なお店のつくりかたが見つからなかったので、だったら自分たちでそういうサイトをつくったら面白いんじゃないかと思ったのです。物件探しや契約、打ち合わせ、工事の進捗、家具や食器の買い出し、料理の試作などといった僕らのお店のつくりかたを、実況中継的に紹介したこのプレサイト。僕らの友達以外は見にきてくれるようには思えませんでしたし、開店前の告知手段として効果的だったとは言えませんが、それでもこの「お店ができるまで」をつくったことで、僕はお店の公式サイトをブログで構築するためのノウハウをコツコツ学ぶことができました。

五月二十一日に工事が終わり、お店の引き渡し。真新しいお店に一瞬わぁーっと感動したのもつかの間、それまでに用意していた機材や家具、食器を搬入すると、あれも足りない、これも買ってない……というものばかり。初めてのこととはいえ、あまりにも抜けが多すぎる。やればやるほど、次から次へと、細かい、でも必要な仕事が出てくる。時間が足りない。手も足りない。でも今、やりたいと思えることはできるだけやっておきたい。気ばかり焦って、すべてが思うようにはかどらないまま、時間だけは刻々と過ぎていきました。

そして開店を三日後に控えた、五月二十八日。ついにやってきた、プレオープン。いよいよ僕らがここでお店を始める、お祝いでありお披露目の日。

晴れやかな気分で迎えたかったのはやまやまでしたが、開店前の準備が忙しすぎて、プレオープンまでにみんなでやろうやろうと言っていた接客の練習とかは、結局何もできませんでした。ミヤザキは以前居酒屋でホールスタッフとしてアルバイトをした経験があったものの、僕とフカザワはまったく飲食店での接客経験なし。本当はどこか別の飲食店で接客のアルバイトなどをして経験を積むべきだったのかもしれませんが、全然時間がなかったのです。

でも、きっとうまくいく。たとえそんなにうまくはいかなくても、来てくれるのは家族や友達くらいだから、何とかなるだろう。僕らはそんな風に、ちょっとタカをくくっていたようなところもあったと思います。

でも、いざオープンしてみると、そんな知り合いのお客様にさえ、何をどうすればいいのか……身体がまったく動きませんでした。

お客様はどんどんいらっしゃるのに、飲み物のオーダーをお伺いするのを忘れてしまう。おかわりを頼まれているのに、お出しするのを忘れてしまう。キッチンの二人は調理に精一杯で、料理やお酒をお出しする速度が全然追いつかない。テーブルの上には、空のお皿やグラスがそのままの状態。いっぱいになった灰皿もお取り替えしないまま。洗い物はシンクに溜まる一方。お帰りになるお客様のお見送りもろくにできない……。

たまらず助け舟を出してくれたのが、以前、料理長——ミヤザキのお母さんのお店を手伝っていたミヤザキの妹さん。社交的で接客上手な彼女は、感じよくお客様の相手をしてくれたり、頃合いを見て飲み物の注文を聞いてくれたり、下げものをしてくれたりと、手際よく僕らをフォローしてくれました。その慣れた様子を見ながら、これからここで働く自分が、こんなにも何にもできないものなのか、と力の差をつくづく思い知らされました。

あと三日で開店だというのに、お店を始めるとはどういうことなのか、自分たちの実力がどの程度のものなのか、容赦ない現実を目の当たりにして、僕は途方に暮れてしまいました。

こんなので、ホントにお店やれるの？

リトスタ・レシピ!!

自宅でつくれるリトスタ定番メニューのレシピを大公開。

昆布とかつおの合わせだし

これがなくちゃ、リトスタの料理は始まらない!
朝一番にまとめていっぱいつくります

✸ 材料

- 昆布　20cm 程度
- 削り節（花かつおなど）　100g ぐらい（いっぱい）
- 水　2 リットル強（10 カップ強）

✸ つくり方

1 鍋に分量の水を張り、昆布をつけておく。
☆涼しい季節なら前の晩からつけておけばよいし、少なくとも 30 分くらいはつけておきたい。

2 鍋を弱火にかける。ゆっくり火を入れる間にも昆布からだしが出る。昆布から小さい泡があがって、ふらふらと昆布が揺れるくらいになったら、沸騰する直前に昆布を取り出す。

3 2 をいったん沸騰させて昆布の臭みをとばし、水をカップ 1 程度入れてだしの温度を下げる。

4 削り節を 3 に一気に加える。だしの中に削り節がわーっと広がったら、ひと呼吸おいてさらに少し水を足してだしの温度を下げ、削り節がゆっくりと沈んでいくようにする。

5 3 分ほどしたら、水に濡らして固く絞ったさらしをザルの上に広げ、漉す。このとき、削り節に含まれた水分をぎゅーぎゅー絞らないこと（えぐみが出てしまうので）。
☆さらしは濡らしてよく絞らないと、だしの旨味を吸い取ってしまいます。
☆ご家庭ならさらしがなくても、ザルで漉すだけでもいいと思います（削り節のカスが混じっていてもご愛敬!）。
☆できあがったらすぐに使わない分はクーラーポットなどに入れ、冷蔵庫で保管します。

鮭と野菜の焼きびたし

スタッフにも大人気のメニュー。
温かいのも良いし、
冷やして食べるのもまた良し

つくり方

1 〈ひたしだし〉の材料をすべて鍋に合わせ、火にかけ沸騰したら火を止める。
そのまま飲むには少し濃いぐらいの味付けに調整する。
2 鮭の切り身には塩を少々ふっておく。水気が浮いてきたらキッチンペーパーなどで水気を取る。
3 焼き網をよく熱し、鮭の切り身を焼く。焼けたそばから1の〈ひたしだし〉に漬けていく。
4 好みの野菜も食べやすい大きさに切り、焼き網かフライパンで薄く塩を振りながら焼いて、焼けたそばから〈ひたしだし〉に漬ける。
5 10～15分程度置いて味をなじませたら、皿に盛りつけ、大根おろしとおろし生姜を添えていただく。

☆お店では鮭でなく、ししゃもを揚げて漬けるバージョンもあります。
野菜もすべて揚げて漬けるのでも、こっくりとしておいしいです。

材料

〈ひたしだし〉

- だし　2カップ（400ml）
- 薄口しょうゆ　大さじ4（60ml）
- 本みりん　大さじ4（60ml）
- 濃口しょうゆ　少々

☆だし7：薄口しょうゆ1：本みりん1の比率に、濃口しょうゆで味を調整します。

- 鮭の切り身（塩味のついていないもの）
- 好みの野菜（かぼちゃ・ゴーヤ・茄子・きのこ・アスパラ・れんこんなど）

✸ つくり方

1 たれの材料はすべて合わせておく。

2〈生地〉をつくる。ボールに卵をほぐし、残りの〈生地〉の材料を上から順に入れる。そのつど泡立て器でよく混ぜる（一度に入れるとダマになりやすい）。

3 じゃがいもと玉ねぎは千切り（火の通りやすい大きさ＆薄さ）、むきえびは 1cm ぐらいに切ってボールにあわせておく。

4 3 の具に 2 の生地がまんべんなく絡むぐらい入れ、よく混ぜる。

5 テフロン素材のフライパンを強火でよく熱し、たっぷり（大さじ 1 ずつぐらい）のサラダ油とごま油を広げ、4 の生地をお好み焼きの要領で均等に広げる。

6 広げた生地の端の色が黄色っぽく色づいて浮いてきたら、ひっくり返す。再度ごま油を端から入れ、香ばしい焦げ目がつくまで焼く。

7 食べやすい大きさに切り分け、たれをつけながらいただく。

☆鉄のフライパンの場合火加減を中火ぐらいにした方が失敗しません。
☆具はニラや春菊、イカやアサリでもおいしいです。

✸ 材料（大きめ 1 枚分）

〈生地〉
- 卵　小 1 コ
- 片栗粉　大さじ 2
- 小麦粉　大さじ 1
- だし　小さじ 4
- おろしにんにく　少々
- 塩　小さじ 1/4

〈具〉
- じゃがいも　1 コ
- 玉ねぎ　じゃがいもの半分ぐらい
- むきえび　好みの量

〈たれ〉（作りやすい分量）
- コチュジャン　50g
- 酢　25ml
- 砂糖　大さじ 1 強
- レモン　ほんの数滴
- 濃口しょうゆ　50ml
- みりん　少々

- サラダ油・ごま油　適宜

じゃがいもとエビのチヂミ

お子様から大人まで大好きな人気メニュー。お好み焼き感覚でごはんに、おつまみに

材料

- 卵　4コ
- 豚バラ薄切り肉　200g 強
- 塩・こしょう　少々

〈煮汁〉

- 水　3カップ
- 酒　120ml（大さじ 8）
- たまりしょうゆ　120ml（大さじ 8）
- 三温糖（砂糖）　大さじ 4
- 黒糖　大さじ 2
- 濃口しょうゆ　少々
- 八角　1 粒
- 生姜スライス　2 ～ 3 切れ
- 長ねぎの青部分　1 本分

☆この煮汁の量で 8 個分ぐらい煮ることができます。
☆八角はなくても大丈夫です。

豚肉巻きたまごの甘辛煮

okayanが子供の頃、
お弁当に入っていた大好物のおかずを、
リトスタ風にアレンジしました

つくり方

1 ゆで卵をつくる。卵を小鍋に入れ、かぶるぐらいの水を入れ、火にかける。沸騰したらぽこぽこと泡が出るくらいの火加減（弱火～中弱火）にして、12 分ゆでる（固ゆで）。12 分たったらすぐに火からおろして水を捨て、冷水・氷を入れ急冷して、粗熱が取れたら殻をむく。
2 豚バラ薄切り肉を広げて、軽く塩・こしょうをし、ゆで卵に肉を巻く。2 枚でひとつを巻くぐらいの感覚で。1 枚目を縦方向に巻き、2 枚目で隙間を埋めるようにして横方向に巻く。軽く引っ張りながら巻いて、巻き終わりをつまようじで刺して固定する。
3 なべに 2 の豚肉巻き卵と煮汁の材料すべてを入れ、中火にかける。沸騰したら弱火にして、小さな泡が出てくるくらいの状態をキープして 15 分煮る。
4 15 分後に火を止め、冷ましながら味をしみこませる。食べる時はつまようじを抜いて、半分に切って盛りつける。

豚のから揚げ・中華香味だれ

ごはんがすすむ、リトスタたれの代表格。
こってり揚げ物にさっぱりたれの組み合わせ、
ビールにも!

✸ 材料

〈中華香味だれ〉
- 煮きり酒（日本酒のアルコール分をとばしたもの） 大さじ 2
- 砂糖 大さじ 1 1/2
- 濃口しょうゆ 90ml
- 米酢 大さじ 6
- ごま油（淡口） 大さじ 2
- 長ねぎ 1/2 本分みじん切り
- 小ねぎ 小口切り適宜
- 生姜 1 かけ分すりおろし
- 赤唐辛子 1 本分小口切り（種は抜く）

〈から揚げ下味（比率）〉
- 酒 2：しょうゆ 1：生姜汁 0.5

- 豚ロースしょうが焼き用（薄切り） 400 ～ 600g
- 片栗粉 適宜
- 揚げ油
- つけあわせ野菜（キャベツの千切り、トマトなど）

✸ つくり方

1 〈中華香味だれ〉の材料はすべて合わせておく。
2 〈から揚げ下味〉用調味料を合わせておく。
3 付け合わせ野菜は切って皿に盛っておく。
4 肉を食べやすい大きさに切り、2 の下味だれにサッと漬けてから片栗粉をまぶす。余計な粉はふるい落とすが、あまり落としすぎると仕上げのたれがからみにくい。
5 揚げ油を 180 ～ 200 度ぐらいの高温にし、4 の肉を広げ入れて揚げる。1 分程度できつね色にカリッと揚がる。一度にたくさん入れると油の温度が低くなってカリッとしないので、油の表面積の半分～ 3/4 以上肉を入れないようにして揚げていく。
6 皿に盛り、1 の中華香味だれをかける（かけ過ぎるとしょっぱい）。

☆鶏のから揚げ、タラのから揚げなどでもおいしいです。

たまねぎしょうゆドレッシング

ボリューム感があっていろんなものによく合う、
おかずドレッシング

✸ 材料（作りやすい分量）

- 玉ねぎ　大 1/2 個
- 濃口しょうゆ　大さじ 3
- 米酢　大さじ 3
- サラダ油　大さじ 3
- ブラックペッパー　適宜

✸ つくり方

1 玉ねぎをすりおろす。
　細かくすりおろした方がなじみがよい。
2 1とすべての材料を容器に入れ、よく混ぜる。

〈リトルスター・レストランでは……〉

★たたききゅうりと豚しゃぶのサラダ
　きゅうりに軽く塩をして板ずりし、たたいてほぐした「たたききゅうり」をレタスの上に盛り、豚しゃぶをのせてドレッシングをかけます。

★きのこのサラダ
　しめじ、まいたけ、しいたけなどのキノコを食べやすい大きさに分け、オリーブオイルで炒め、白ワインを入れてフランベする。たっぷりのサニーレタスの上に盛り、ドレッシングをかけていただく。

★和風カルパッチョ
　かんぱち、いなだ、ブリ、かつおなど、しっかりめの味わいを持つ魚のお刺身をオニオンスライスの上に盛り、ドレッシングと小ねぎの小口切りをかけていただく。

第二章
お店ができてから

お客様が来なかった日々

二〇〇四年六月一日、リトルスター・レストラン、オープン初日。その日は「大丈夫？」と思うほどの、どしゃぶりの雨でした。僕とミヤザキは自転車通勤——閉店時間の頃にはバスが終わっている——なので、レインコートの上下を着て自転車のペダルを踏みながら、ひどく緊張していたことを憶えています。

オープン初日にもかかわらず、メニューブックづくりが間に合わなくて、その日のメニューは僕がお店に来てからあわててつくってプリントアウトした一枚の紙だけ。フカザワはその日の朝になって初めてレジの説明書を開きました。ランチ用にガス炊飯器で炊いたお米は、それだけのまとまった分量を炊いたことがなかったので、ちょっと柔らかくなりすぎてしまいました。

開店時間の十一時半になると、僕は階下に降りて、初めてビルの入口にあるお店の黒板にランチのメニューを書きました。定番のチキンカレーとハンバーグ定食、日替わりはアスパラガスの豚肉巻きフライ定食。

お客様は、まずまず来てくださいました。DMを送ったミヤザキやフカザワの知り合いの方々とか、ミヤザキのご両親のお友達とか、ご近所の方々とか。かためのごはんの方が合うチキンカレーの注文がたくさん入ったので、ちょっとヒヤヒヤしたりもしました。

夜は、内装工事でお世話になった建設会社の方々の宴会。キッチンもホールも手際は悪かったけど、それでも客席はぽつぽつ埋まる程度だったので、プレオープンの時のことを考えれば、かろうじて何とかやれている感じ。でも、明らかにぎこちなかった。四人とも緊張していました。今では普通にできること――たとえばコーヒーをお出しする時も、手が震えてカップとソーサーがカチャカチャ鳴ってしまう。どうやったらコーヒーをこぼさず静かにテーブルに置けるのか？　そんなことさえいちいちまじめに考えなければならない。あれから五年経った今でも、常連のお客様には「あの頃は手が震えてたよね」と言われるような状態でした。

ミヤザキが企画したこのリトルスター・レストランは、料理長――ミヤザキのお母さんの家庭料理、フカザワのデザートと事務、僕の接客とデザインワーク、そしてそれをまとめるミヤザキの企画力――四人の異なる個性が集まった、画期的に面白いお店になる、と僕らは思っていました。最初はちょっと不慣れかもしれないけど、僕らの力があれば、何でもできる。そう思い込んでいました。

でも、客観的に見れば、ほとんど素人同然の四人が始めたお店。今考えると、恐ろしいほど何もできていませんでした。お客様をお迎えする時の「いらっしゃいませ」の声は小さいし、オーダーを通してから料理をお出しするまで、長い時間お待たせしてしまう。プレオープンの時にできていなかったことを何とかこなそうとしていたけれど、あいかわらず、お水がなくなっているのにお注ぎしに行っていない、灰皿がいっぱいなのにお取り替えしていない、取り皿をお取り替えしていない……。本当に、何もできていなかった。

こんな失敗もありました。お客様にお冷やをお出しする時、僕らは冷蔵庫で冷やしたピッチャーからコップに水を注いでお出ししていました。ピッチャーの水が少なくなったら浄水器から注ぎ足して、また冷蔵庫で冷やします。でも、お客様が立て続けに来られたりすると、ピッチャーに注ぎ足した水がまだちゃんと冷えていないのに気づかず、そのままお出ししてしまっていたのです。本来は、ピッチャーに氷を入れて冷やしておかなければならないのに。ある日、たまたまお店に来ていたミヤザキのお父さんに「おい、水がぬるいぞ！」と言われるまで、僕らはこんなことにさえ気づけないでいました。

一方、生真面目さゆえに、自分で自分の首を絞めているような部分もありました。とにかくみんな要領が悪かった。営業中でも合間にやれる作業はなるべく先手を打って進めておくべきなのに、夜のための仕込みも昼の営業が終わってからだったし、夜も閉店時間まで片付けもせずに待っていました。普通の家庭で来客をもてなしているのと同じような段取りだから、下ごしらえも何もかも時間がかかる。初めのうちはまかないをつくる余裕さえなくて、ゼリー飲料みたいなものを食べて我慢していました。二週間で、僕は体重が五キロも減りました。

最初の一カ月くらいは、週末を中心に、知り合いの方々がお祝いも兼ねてお店に来てくださいました。でもその後、すっかりヒマになりました。ガラガラのお店の中に並んでいるのは、お祝いにいただいた花ばかり。僕は夕方になると、三鷹駅前で道行く人に頭を下げながら、『毎月新聞ごはん』を配ったりもしました。大学時代にビラ配りのバイトをやった時は全然好きになれず、「もう二度とやるもんか」と思っていたけど、どんなに苦手でも背に腹は代えられない。一人でも多くの人にうちのお店を知ってもらわなければ……。

それでも料理だけは、料理長が毎日丁寧につくってくれていたので、「おいしいものをお出ししている」という自信はありました。時間はかかってもおいしい料理をお出ししていれば、きっとわかっていただけるはず……。料理長の料理が、その頃の僕らの希望であり、誇りでした。料理長には身体のこともあって、僕ら三人よりも遅く来て早く帰るようにお願いしていたのですが、ヒマな夜に「もう上がってもいいですよ」と声をかけても、「ううん、あともう一人来るまで帰らない！ 着替えはじめたらお客様が来るかもしれないじゃない！」と言って、粘って待ってくれていました。いつもの時間より早く家に帰ると、ミヤザキのお父さんに「何だ、今日はお店、ヒマだったのか？」と聞かれるのが嫌だったようです。

半年間くらいは食えない覚悟でお金は貯めてあったけど、それにしても、全然お客様が来なかった。でも、逆にガンガン来られていたとしてもダメだったと思います。お店をやっていくというのがどういうことか、僕らは何もわかっていなかった。やりたいことを好きにやるだけでは、子供のおままごとと同じ。素人さんのお店ごっこにすぎません。もし、この頃に大きな失敗をしていたら――いいお店だと認めてもらう前に悪い評判が立ってしまったら、心が折れていたかもしれません。幸い、そんなこ

とはなかったけど、でも、自分たちが「普通のお店」としてちゃんとやれていると は、到底思えませんでした。

お客様からも、いろんなことを言われました。あの銘柄の日本酒を入れてくれないか？　ＢＧＭを変えた方がいいんじゃないか？　スピーカーの音が反響するから、店内に布を吊るしたら？　カウンターの仕切りが高すぎて、ちょっとよそよそしい感じがしないか……？　本当に、ありとあらゆることを言われました。

でも、いくらお客様が少なくても、オープンしたての時期にそういう意見のすべてにいちいち揺れていたら、お店そのものがブレてしまいます。僕らは毎日の営業には自信が持てていなかったけど、ミヤザキが企画したリトルスター・レストランのコンセプトそのものには、自信と確信がありました。でも、今はまだ自分たちのお店のよさや面白さをお客様に伝えきれていない。じゃあ、どうすればもっとわかってもらえるんだろう？

毎晩、深夜にお店を出たあとも、僕らは『毎月新聞ごはん』をポスティングしながら遠回りしたり、話し合いをしたりしながら帰っていました。フカザワを家まで送ってから自転車で走りはじめると、深夜三時を過ぎていることとも。疲労困憊のあまり睡魔に負けて居眠り運転をしてしまい、電信柱に衝突しそうになったこともありました し、ミヤザキは実際に生け垣に突っ込んでしまったこともありました。

僕らは間違っていない。そんな根拠のない自信はあるのに、お客様は来ない日々が続く。現実は甘くない。でも、もう今さら逃げ出すことはできない。何をするべきで、何をすべきでないのか？ 誰も教えてくれないから、料理から接客に至るまで、あらゆる課題を一つひとつ丁寧に考えて、自分なりの答えを出していくしかない。僕らはそうやって、少しずつリトルスター・レストランらしさをつくっていくことになるのです。

私は、私というお客様をもてなしたい

「もー怒ったぞ！　絶対においしいもの、出してやる！」

リトルスター・レストランを始めて約二カ月、昼も夜もお客様があまり来なくて、のんびりムードが漂っていた頃。料理長である母が、そんなことをお店で言いはじめました。

それまでの母は、お客様が少なくても「あら、ランチってこんな感じなの？」という感じでなんとなく仕事をしていたようなのですが、いっこうにお客様が増えないことに業を煮やしたのか、プライドが許さなかったのか、突然吹っ切れたように、自分の個人的な思い入れを料理に注ぐようになりました。料理中も、「えい、これでもか！」「絶対おいしいぞ！」などと声を出しながらつくるようになったのです。その様子を見て「料理って、気合いなんだ！」と触発された私も、キッチンで「これはもう、絶対においしい！　これでおいしくないなんて言えないでしょ！」などと気合いを入れながら料理をするようになりました。するといつのまにか、主にランチを中心に、少しずつお客様が増えはじめたのです。

今になってみると、お店をオープンしたばかりの頃の私は、「なんとなく」ランチってこんな感じだろう、「たぶん」こんな料理が好かれるだろう、と手探りしながら、見えないお客様を相手に料理をしていたのだと思います。けれど、「絶対にお客様に来てほしい」と思った時、そのモデルになるお客様は誰なのかと考えたら、それはもう「自分」しかいませんでした。だから、母も私も、「自分が食べたい」＝「お客様に食べていただきたい」料理を考え抜いて、心を込めて料理するようになりました。自分が「絶対においしい」と思える実感を込めるようになったこと。その変化が、あの時は「料理って、気合いなんだ！」という印象になったのだと思います。

何度も足を運んでくださるようになったお客様によく言われたのは、「ごはんとお味噌汁がおいしいですね！」ということでした。私たち自身は、そこが集客のポイントになるとは思っていなかったので、ちょっと意外でした。というのも、私たちは高級な食材を使ったり、特別な調理をしたりはしていないと思っていたのです。お米は当初からの予定通り、ｏｋａｙａｎのお母さんが地元の山口の農家から仕入れて送ってくれる玄米を、毎朝業務用の精米機で五分づきに精米して、ガス炊飯器で炊いていました。お味噌汁は、昆布と鰹節を使って毎朝出汁を取り、甘口の白味噌と辛口の赤味噌を具に合わせて配合を微調整しながらつくっています。昆布も鰹節も味噌も、ごく普通の品質のもの。特別なことは何もしていません。自分たちの家でそうやってつくっていておいしかったから、それとまったく同じ方法でやっていました。

でも、お客様は味の違いがわかるのです。精米したての五分づきのお米で炊いたごはんのおいしさを。まじめにつくったお味噌汁のおいしさを。お客様は、わかってくれる。そう実感してから、私たちはよりいっそうごはんとお味噌汁にこだわって、味を安定させるための工夫をするようになりました。

さらに母が始めたのは、お漬け物を漬けること。最初の頃、ランチのつけあわせのお漬け物は業務用のものを仕入れてお出ししていたのですが、多くのお客様が、お漬け物を残していました。わざわざお金を払って仕入れたお漬け物が、大量に残飯になっていたのです。そのことに疑問を感じていた母が、自分で漬けたお漬け物をお出しするようになると……お客様は残さず食べてくださるようになりました。ほんのちょっとしたことだけど、やっぱり、お客様はわかってくれるのです。

ほかにも私たちは、「自分がお客様だったら、こうなっているとうれしい」と思える工夫を少しずつ積み重ねていきました。ランチのハンバーグのつけあわせにマカロニサラダを加えたり、おかずとして満足していただけるように小鉢のメニューを充実させたり……。ランチの日替わりメニューは、最初の頃は仕入れ状況に応じてなんとなくメニューを考えていましたが、揚げ物とそれ以外、肉と魚などの違う食材のメニューを同時にラインナップするなどして、味が安定してきたハンバーグとカレーも含め、メニュー構成のバランスを取るようになりました。

野菜の仕入れ先は、味と値段のバランスをしばらく検討した結果、リトルスター・レストランのビルの一階にあり、大家さんでもあるヒロヤショップが扱っている野菜が一番いいということで、ほぼ一括してお願いするようになりました。ヒロヤショップの野菜はスーパーで売られている野菜などと比べると割高に見えるのですが、しっかりと大きく育っていて、おいしいし、長持ちするのです。リトルスター・レストランは野菜をメインにした料理が多いので、野菜自体の力によって味が左右されます。ちゃんと育った野菜を使えば、シンプルな調理法でも「すごくおいしい！」とお客様に思っていただける料理になるのです。

私たちは、特に何かをコロッと変えたわけではありませんでした。私たちのお店のよさをもっとわかってもらうためには、どうすればいいか。お客様にもっと満足していただくためには、何をプラスすればいいかを追求して、少しずつ工夫を重ねていったのです。

どんなにお客様が来なくても、私たちはこれだけはやらないと決めていたことがありました。

一つは、値引きをしないということ。もともとリトルスター・レストランで設定していたメニューの値段はリーズナブルなものでしたし、これ以上値下げしても、最終的に売上を伸ばせるだけの集客効果があるかというのは疑問でした。リトルスター・レストランは、単に「安いから」という理由で来店されるお店ではなく、味とボリュームに対する「値頃感」で選んでいただけるお店でありたかったのです。

もう一つは、クーポン付きの雑誌やウェブサイトに自ら進んでお店の情報を載せたりしないこと。私たち自身、クーポンを基準にお店を選んだりはしませんし、クーポン割引が目当てのお客様は、リピーターになっていただきにくいような気がしました。リトルスター・レストランは、いつも来てくださるお客様がいい思いをするお店にしたい。同じものは同じ値段でお出ししたい。私たちのお店のことが好きでよく来

てくださるお客様に、「クーポンがないから損した」と思われたくはなかったのです。クーポンを提供するのに使えるお金があるのなら、もっとほかのことに使うべきだと思いました。

お客様にお店に来ていただくためには、顧客満足度を上げていくしかありません。そのためには、出ていくお金を減らす方法より、入ってくるお金を増やす方法を考えるべきだと思います。お金がないのは仕方ないけれど、貧乏臭いと思われたらダメ。無駄を省くことと、ケチることとは違います。どんなに素敵な雰囲気のお店でも、百円ショップで買ったお皿を使ったり、コーヒーと一緒にお出しするミルクの量をケチったりすると、お客様はなんとなく気づき、なんとなく不満を持ち、なんとなく後味悪く帰られることになってしまいます。どんなに細かいところでも、お店のコンセプトに見合ったやり方をしていくことが必要だと思うのです。

リトルスター・レストランで、私は、私というお客様をもてなしたい。私みたいな人は、ほかにもいっぱいいるはずだ。どんな人にも百パーセント好かれるお店をつくるのは無理。全員に好かれようとしても、結局、誰にも好かれない。けれど、自分が本当に好きなものを追求していれば、いつのまにか多くの人が受け入れてくれるようになる……。私はそのことに、だんだん気づきはじめたのです。

それでも、お店の売上はまだまだ目標達成にはほど遠い日々。私みたいなお客様は、どこにいるんだろう？　早く来てくれればいいのに……。私はそんなことを思いながら、毎日お店で働いていました。

「お客様」ではなく「誰それさん」

お店をオープンした頃は、ただ一人だけレジを扱うことができたフカザワがホールを担当し、コーヒーとビールを担当していた僕は、ひとまずドリンカーの役割を担っていました。

会社員として長く働いていたフカザワが上手に敬語を使えるのに比べると、僕は社会に出て働いた経験が少なかったので、お客様に対する言葉遣いに自信がありませんでした。ホールスタッフとしての経験も皆無。小心者であることも災いして、お客様にドリンクをお持ちする時にも何か失礼なことをしてしまうんじゃないかと、接客する時は必要以上に緊張していました。

Yさんが初めてご来店くださったのは、オープンから一週間くらい経った頃だったと思います。

Yさんは、歳は僕の母と同じ頃、でもいつも洗練されたお洋服がお似合いの、素敵など婦人でした。最初はお一人で夜に来店されて、カウンター席でワインと、家庭料理中心のメニューの中からでもワインに合うおつまみをセレクトされ、お洋服だけでなく、何事にもセンスのいい方なんだなと思ったのを憶えています。すました感じもなく、気さくにお話をされながら食事やワインをお楽しみになり、お帰りの時も「どれもおいしかったわ！」とほめてくださいました。お見送りした僕らも、あんなお客様がいつも来てくださるようなお店になりたいと思ったものでした。

翌日のランチタイム、フカザワの「いらっしゃいませ」という声に顔を上げて入口を見ると、昨夜のYさん！　近くにお勤めということで、同僚の方と一緒にご来店くださったのです。それ以来、Yさんはほとんど毎日のようにランチを食べに来てくださるようになり、「このお店は、うちの社食よ！」と冗談めかして言っていただけるほど、同じ職場の方々にも足繁く通っていただけるようになりました。なかなかお客様の数が増えなくて苦しんでいたその頃の僕らにとって、それはものすごくうれしいことでした。

お一人でご来店の時、Yさんはカウンター席にお坐《すわ》りになることもよくあって、ドリンカーの僕にも気さくに話しかけてくださいました。その頃はまだ自信のなかったネルドリップのコーヒーも、「ランチでこんなおいしいコーヒーを出してくれるお店は、なかなかないわよ」とほめていただけたことは、本当に自信になりました。

そうして少しずつYさんと親しくさせていただくようになり、とても好きなお客様になっていくうちに、僕は、自分が何を話したらお客様に喜んでいただけるのかということが、何となくわかってきたような気がしたのです。

結局、自分たちの話をするしかないんだ。自分が実感を込めて話せること……世界一周旅行の話とか、このお店の成り立ちとか、「僕らが大事にしていること」を。お客様は、そういう僕らに興味を持ってくださるんだな、と。

オープン前も含めて初めのうち、僕はお店に来てくださるお客様を、うまくイメージできていませんでした。ミヤザキが考えたお店の企画では、年齢や性別でターゲットとしてのお客様を想定するのではなく、「ごはんやお酒が好きで、何事にも小さなこだわりがある、言ってみれば僕ら自身のような人」という「性格」のターゲット設定をしていました。それは確かに正しかったけど、それだけでは、僕はお客様をうまく想像できなかったのです。

でも、お店でYさんのようなお客様と毎日お会いしていると、Yさんのことをもう少しだけ知りたくなるのです。たとえば、お名前。お客様は、顔の見えない、正体のはっきりしない「お客様」ではなく、それぞれ名前と人格のある「誰それさん」なのだということを、僕は実感するようになりました。そうだ、一人ひとりのお客様とちゃんと向き合って、単純にその人のことを好きになっていこう。それをくりかえしていくことで、自分たちの好きなお客様が増えていけばいいんだ。僕はそんな風に考えるようになったのです。

それからの僕は、だんだん「おしゃべり店員」になっていきました。お店もまだたいして忙しくなかったので、おしゃべりをさせていただく時間は少なからずありましたから。お顔を覚えて、ご挨拶させていただくようになり、少しずつおしゃべりをさせていただく。いい感じで距離が縮まったなと思ったら、思い切ってお名前をお伺いする。そして、あわよくばお友達にだってなる。そういう努力はいくらでもします。もし自分がお客様だったら、そうされるとうれしいと思うから。

僕らの好きなお客様がお店に来てくださることが、素直にうれしくて、わくわくした気分になる。自分たちが始めたお店で、お客様と出会って、そんな気持になるとは、オープン前には想像もしなかったことでした。

お店には、いろんなお客様が来られます。近所の方ばかりではありません。たとえば、ある冬の日、ランチタイムに来られた三人連れの若い女性のお客様。三鷹の森ジブリ美術館のおみやげ用の紙袋と旅行用のキャリーバッグを持ってらっしゃったので、お冷やのグラスに水をお注ぎしながら「ご旅行ですか？」とお伺いすると、「そうなんです。私たち、北海道から来たんです。どこかでごはんを食べられる場所はないかと思って……」と。とても感じのいい方々で、お帰りの際にレジでお会計をすると、みなさん笑顔で「いいお店に来れてよかったです。おいしかった！」と言ってくださいました。僕も「どうぞお気をつけて。そしてよいご旅行を」とお見送りしました。

その時の僕は、彼女たちが旅行を終えて北海道に帰られたあと、ほんの少しでも「あのお店に行ってよかったね」と思ってくれたらいいな、と思いました。本当に、ただそれだけでいい、と。

もしかすると、もう二度とご来店いただけないかもしれないお客様。「もっと何か注文してもらおう」とか「また来てもらえるようにしよう」とか、そんなことはどうでもいい。それよりも、ご来店いただいた短い時間の中で、僕らのお店で心地よく過ごしていただきたい。キッチンスタッフは心を込めて料理をつくり、ホールスタッフはそれにふさわしい丁寧な接客でおもてなしをする。どうやったら、お客様の心が軽くなるか。どうやったら、お客様に笑顔で帰っていただけるか。僕はそのことだけを考えるようになりました。

それは、僕が世界一周旅行をしていた頃、異国の街で見知らぬ人と出会い、ほんのわずかな、でもとてもいい時間を共有し、そして別れる……そんな一期一会をコツコツ積み重ねていた時の感覚に似ています。僕にとって、お客様をおもてなしするというのはどういうことなのか？　この仕事は、そもそもどういう仕事なのか？　そういうことが、少しずつわかってきたような気がしました。

料理長の引退、そして新体制へ

「お店の仕事を辞めたい」と料理長である母が言いはじめたのは、オープンから半年ほど経った、二〇〇四年の暮れのことでした。「体力的にも、もう限界」と、有無を言わせない、きっぱりした調子で。私は内心、「意外と早く言い出したなあ。もうちょっと、一、二年は続くと思っていたのに……」と思いました。

その年の暮れは、今と比べればまだまだですが、徐々に常連のお客様も増えてきて、まずまず忙しかったのです。十二月の売上は、百九十九万七千五百十円。「あー、あと一人でも夜にお客様がいらしたら、二百万の大台に乗ったのに！」と、みんなで悔しがったりしたものでした。

けれど、いくらお店が上り調子になってきても、「もっといい器で、もっと繊細な料理を、ゆったりとつくってお出ししたい」と思っていた母にとって、私たちのお店のように「速くつくる、量もつくる」ということを要求されるのは、体力的にもきつかったのでしょう。実際、ランチを一度営業しただけで、母はクタクタでしたから。母と私は家族なので、お互い遠慮というものがなく、ちょっとしたことですぐカチンときてケンカをしていましたが、そのことと母の引退宣言とは、あまり関係がなかったと思います。

もちろん、母の存在がなければ、私は自分でお店をやろうと思ったりはしませんでした。リトルスター・レストランの味の理念や定番メニューの基準をつくってくれたのは母です。たとえば、卵を五個使って焼き上げる厚焼き玉子は、お一人のお客様でも頼みやすいようにもっと小さなサイズでお出ししようという意見もあったのですが、母は頑として譲りませんでした。

「お出しした時、お客様に『わぁーっ！』と言われる大きさじゃないとダメよ！　料理は、わぁーっ！って感じが大事なんだから」

厚焼き玉子をレストランでお出しする料理らしい華のあるメニューにするには、あの大きさが必要だということが、母には直感的にわかっていたのです。

その厚焼き玉子にのせる大根おろしにしても、母はお出しする直前にその都度おろすようにしていました。お店によっては、ある程度まとめておろしておいたり、業務用のパック入り大根おろしを使っているところもあります。出す直前におろすと手間もかかるし効率も悪いけど、でもその方が絶対においしいのです。料理を一番おいしい状態でお出しするためには、仕込みをどの程度に止めるべきなのか？　調理の効率化とおいしさのバランス……そういった大切なことを、私は母からたくさん学びました。

ｏｋａｙａｎに対しても、母は気づいたことをよくアドバイスしていました。素人だった私たちがちゃんとわかっていなかった部分、たとえば「ディナータイムのお客様には最後に熱いお茶をお出しする」といったことを指摘してくれました。ｏｋａｙａｎは母から、お客様に喜んでいただくための、お店としてのもてなし方の基礎を学んだと思います。

「……ｏｋａｙａｎにかかっているからね！」

お店を辞める時、母はｏｋａｙａｎにそう言いました。今、お店に来てくださっているお客様を離さなければ、きっと大丈夫。そしてその役割は、接客を担当しているｏｋａｙａｎの仕事だということを——接客という仕事は誇りを持って取り組むべき仕事だ、ということを伝えてくれたのだと思います。

二〇〇五年の四月末でお店を離れることになった母の代わりに、私たちは新たにも

う一人、キッチンスタッフを雇わなければならなくなりました。そこで私が思いついたのが、高校時代の同級生、田中英輝――ヒデキを口説くことでした。

それまで働いていた八王子の創作和食居酒屋を辞めたところだったヒデキは、飲食店のキッチンで計十年近く働いていた経験の持ち主。実力的にはまったく心配ありませんでしたが、問題は私たちが出す条件。週六日、朝の十時から深夜一時までという苛酷な勤務時間。お給料も、私たちオーナー三人よりは高く、限界ギリギリまで上げたのですが、それでもかなりの安月給……。

「やだって言うだろうなー。でも聞いてみよう」

するとヒデキは、最初に話を持ちかけたその場で「いいですよ！」と引き受けてくれたのです。

「もっとちゃんと考えなくていいの？　仕事きついよ？　お給料も安いよ？」

「いえ、これも縁ですよ」

ヒデキは母が抜ける直前の四月にお試しで二、三度キッチンに入ってくれたあと、ゴールデンウィークからがっつりお店で働いてくれることになりました。まったくの素人でも、すごすぎて扱いにくい人でもなく、きちんとした技術がありながら、同じ熱意でお店を支えてくれる料理人。一番大事なポジションに、頼もしいスタッフが加わりました。

同じ頃、私たちはヒデキのほかに、ホールスタッフも新たに雇うことにしました。というのも、その頃からランチタイムのお客様の数が増えはじめて、四人では十分なサービスを提供できなくなってしまっていたからです。

お店をやっていく上で、一番お金がかかるのは人件費です。正直、ランチタイムに混雑している時はお客様を少々お待たせしても仕方ないと割り切ってしまうのなら、スタッフは四人のままにした方が「儲かる」のだと思います。けれど、私たちは「いいサービスをしたい欲」が強いのです。客席が混雑している時でも、できるだけ隅々にまで気を配り、少しでも早く料理をお出しして、お客様に心地よい時間を過ごしていただきたい。たとえ四人の方が「儲かる」としても、それでお客様の満足度が下がってしまうのは嫌だと考えたのです。

アルバイトスタッフの募集に応えて面接に来てくれたのは、その後、社員スタッフにもなってくれた清水優希さん。面接した私たちがびっくりしてしまうほど、かわいくて感じのいい女の子。もともと接客の仕事が好きだったというだけあって、お試しで入ってもらった時の働きぶりも、逆にこちらが教えてもらいたくなるくらいのクオリティ。リトルスター・レストランの「ホールの天使」が誕生した瞬間でした。

清水さんが入れない時間帯には、その後の「リトスタ・オールスターズ」にも名を連ねる、熱意のある優秀なホールスタッフたちが交代で入ってくれることになりました。オーナー三人よりはましなものの、勤務時間もお給料もきつい条件のはずなのに、みんな、嫌な顔一つせずに力を貸してくれることになったのです。


こうして、新しい体制で動きはじめたリトルスター・レストラン。料理長だった母に代わってキッチンを仕切ることになった私は、それまで以上に緊張感と責任感を感じていました。

実を言うと、それまでの私は、お店の「プランナー」としての意識が強く、「料理人」としては少なからず母に甘えていた部分がありました。けれど、新体制への意向は、いやおうなく私に「料理人」としての自覚を促しました。母がいなくなって、うちの料理がおいしくなくなったとは言われたくない。絶対においしいものを出さなくては。定番メニューの味を落とすことなく、自分らしい、リトルスター・レストランらしい料理も出していこう。私はそう思いながら、いっそう気合いを入れて、自分の感覚を研ぎ澄ましつつ、考えながら料理をつくるようになりました。

ヒデキが加入したことで、キッチンの作業スピードは格段に上がりました。彼はキャリアが豊富なだけあって、食材を切るスピード、仕込むスピード、何をやっても速いのです。その要領と手際のよさからは、私もたくさんのことを教わりました。作業スピードが上がったおかげで、前よりもお客様をお待たせせずにすむようになり、より多くのお客様をおもてなしできるようにもなりました。春から夏にかけては売上が上がっていく時期なので、今思うと、新体制に移行したのはいいタイミングだったと思います。閉店後の片付け作業ものすごく速くなって、信じられないことに、今までより一時間以上早く家に帰れるようになりました。

キッチンで、私とヒデキがそれぞれのポジションを確認するまでには、少し時間がかかりました。飲食店で働いた経験の長いヒデキにもメニューを開発してもらうことも考えたのですが、本当の意味でリトルスター・レストランらしいメニューを確立するためには、私自身がレシピ開発や盛りつけなどのメニューの基本を固めていった方がいいと考えました。職人気質で作業も速いヒデキには実作業をどんどんやってもらい、オペレーションについてもかなり考えてもらいました。

母から受け継いだリトルスター・レストランらしい味をヒデキにも再現してもらう

ために、味や盛りつけに関しては私からも細かく指示をしていくようにしていました。けれど、そういう指示をしながらも、私の中にはうまく説明できないもどかしさがありました。たとえば、「あっ、そのフライ、揚げすぎ!」と指摘しても、なぜそれが揚げすぎでおいしくなくなっているのか、その理由をしっかりとヒデキに説明できないでいたのです。それまではなんとなく自分の経験の中で覚えてきたことを人に教えなければならなくなったのに、それが表現できない苛立《いらだ》ちを感じていました。

そんな状況が変わりはじめたのは、その年の夏のある日のこと。私は突然、料理の何たるかが、自分なりにわかるようになったのです。まるで子供の頃、速く走るためのコツをつかんだ時みたいに。それは、毎日々々料理のことばかり考えながら働き続けていた私に訪れた、啓示のようなものだったのかもしれません。

それはものすごく説明しづらいのですが……あえて言うなら、「料理は全部同じ」ということでしょうか。料理というのは、基本的には、素材の旨味が出るまで火を通して、味をつけるということに尽きます。火を通さなくてもおいしいものは、生のまま味をつける。素材に合わせた火加減とさじ加減、その呼吸をつかむことが大事。そしてそれは、天ぷらでもフライでも厚焼き玉子でも同じなのです。そのことに開眼してからは、私はヒデキに対しても迷わず指示ができるようになりました。

料理は、常に頭を使いながら積み重ねていかないと上達しないと思います。どうしたらもっとおいしくなるか？　火の通り具合を見極めるには？　ちょうどよい火加減は？　塩加減は？　バランスは？　タイミングは……？　自分の感覚も大事にしつつ、あらゆることを考え抜き、技術のすべてを注ぎ込んで、できるだけおいしいものを、文字通り必死になってつくる。かけだし料理人だった私は、そこまでやらなければ、お店でお客様に「すっごくおいしいですね！」とは言っていただけないと思っていたのです。

役割分担もはっきりしてきた新体制。お客様の数も、少しずつ増えはじめました。

二〇〇九年、ある日のリトルスター・レストラン

㋐午前九時半

早番スタッフ（キッチンスタッフ一人、ホールスタッフ二人）が出社。キッチンスタッフは、ごはん、合わせ出汁、味噌汁などの準備。ホールスタッフは掃除機が

け、モップがけ、トイレ掃除、拭き掃除、植木の水やり、レジ前のデザートの補充、お茶碗や小鉢のセッティング、ドリンカーのセッティング、キッチンスタッフのサポートなど。

午前十時半

ミヤザキ、okayan出社。ミヤザキはハンバーグの仕込み、日替わりメニューの下ごしらえなど。ランチ中の仕込みに必要な食材の買い物に行くことも。okayanはレジを開けて経理作業、ランチのメニュー作成、ブログの更新など。開店直前に階下の黒板にメニューを書く。

午前十一時半

開店、ランチタイム開始。お客様がぽつりぽつりと来る。

午前十二時

お客様がいっせいに来て、大忙し（毎日だとうれしい）。会社員の方などは時間が限られているので、スムーズにサービスしなければならない勝負の時間帯。

午後一時半

お客様はぽつぽつになる。この時間でごはんがなくなることもたまにある。ランチタイム中も、ミヤザキと早番キッチンスタッフはできる範囲で夜の仕込みを進めている。

午後二時半

ランチタイム終了、ティタイム開始。ｏｋａｙａｎ、階下の黒板をティタイム仕様に書き換え、銀行に両替に行く。キッチンスタッフはみんなのまかないをつくる。

午後三時

遅番スタッフ（キッチンスタッフ一人、ホールスタッフ一人）出社。早番ホールスタッフはここで勤務終了。早番スタッフとミヤザキ、まかないタイム。ティタイム中の客席はｏｋａｙａｎと遅番ホールスタッフでケア。遅番キッチンスタッフは夜と翌日のランチに必要な食材の買い物へ。ｏｋａｙａｎは夜のメニュー作成や酒の発注など。

午後四時

okayan、ほかのスタッフと時間差でまかないを食べたあと、バックヤードで少しだけ昼寝。キッチンスタッフは夜の仕込み。遅番ホールスタッフは客席を見つつ、手が空いていれば仕込みを手伝う。

午後五時半

okayan、予約カードの作成やブログの更新。遅番ホールスタッフはメニューを入れ替えたり、箸をテーブルに並べたり、食後のお茶をポットに大量につくったり、簡単にフロアの拭き掃除をしたりする。

午後六時

ティタイム終了、ディナータイム開始。okayan、階下の黒板をディナータイム仕様に書き換え。早番キッチンスタッフはここで勤務終了。ディナータイム中、夜のまかないはキッチンスタッフがつくって、隙を見つけて各自ローテーションで食べる。ディナータイムの合間に、ミヤザキは翌日の夜のメニューを考えたり、仕込みや買い出しのリストをつくったりする。okayanは告知ツールなどのデザインワークやブログの執筆、『毎月新聞ごはん』のデザインワークなども。

午後十一時
フードラストオーダー。

午後十一時半
ドリンクラストオーダー。

午後十二時
ディナータイム終了、閉店。遅番ホールスタッフは基本的にここで勤務終了。洗い物、ゴミ集め、キッチンの清掃、経理の締め作業、クリーニングやおしぼりの手配、業者さんへの発注などを行う。

午前一時
ミヤザキ、ｏｋａｙａｎ、遅番キッチンスタッフ、帰宅。忙しい時は午前二時頃になることも。

お店は「いいお客様」によってつくられる

リトルスター・レストランに来店されるお客様のうち、七割くらいは、僕が前にお店でお見かけしたことのある方です。うちのお店は、お客様のリピート率はかなり高いのではないかと思います。それも、「いいお客様」のリピート率が。

「いいお客様」とは……たとえば、週末の夜、店内は満席で、これ以上お客様がご来店くださってもお断りしてお帰りいただくしかないような時。でも、ご来店されたお客様に僕らが「申し訳ありません」とおわびしていると、「あ！　私たち、今出ますから、ちょっと待っててください！」と、お食事の済んだお客様が席を譲ってくださることがあります。そのお客様の心遣いで、新しいお客様にはお食事をしていただけるし、お客様をお断りすることを心苦しく、申し訳なく思っていた僕らはほっと救われます。そういう心遣いをしてくださるお客様に出会えると、僕らは「いいお客様でよかったなあ」とうれしく思います。

普段はタバコを吸われるお客様にいつも通り灰皿をお持ちすると、すぐ近くの席に小さなお子様が座られているのを見て、「今日はやめておきましょう」と自らタバコをしまわれたこともあります。また、小さなお子様はじっとしていることに飽きやすいものですが、そうしたお子様を連れたお客様の中には、ほかのお客様が気持ちよく食事ができるように、よく目を配ってくださり、時にはお子様をわざわざお店の外に連れ出して、あやしてくださる方もいらっしゃいます。僕らの力だけではどうにもできないところで、こうした気配りをしてくださるお客様には、心から感謝したくなります。

さらに、お馴染みのお客様になると、不慣れな新人ホールスタッフの小さなミスや不手際を優しく指摘し、リトルスター・レストランの接客の心配りを、さりげなく伝えてくださることもあります。お客様の心遣いによって、スタッフ自身が自分の失敗に気づき、反省し、成長する機会を得られるのです。

僕らが考える「いいお客様」とは、自分だけでなく、ほかのお客様や僕らスタッフを含めたお店全体が心地いい空間であるように思いやって、それが壊れないように共有してくださる方なのではないかと思います。

そして、そういう「いいお客様」とは、単に「店員」と「お客様」という以上の大切な関係を結ばせていただいているような気がします。僕やミヤザキが体調を崩していると知って、「大丈夫ですか?」と心配して栄養ドリンクを差し入れてくださるお客様。旅行帰りにわざわざおみやげを差し入れてくださったり、しばらくご無沙汰していたと思ったら、新しく生まれたお子様をお店に連れてきてくださったり、田舎から上京してこられたご両親をご紹介くださったり……。そういう一つひとつの出来事が、僕らにとってはとてもうれしいことなのです。

世の中には、たくさんのお店があります。にもかかわらず、僕らのお店に何度も足を運んでくださるお客様がいる。お引越で三鷹を離れられたあと、何年かぶりにお店に顔を出してくださって、「昔からのメニューがまだ残っていて、うれしかったです!」と言ってくださるお客様もいる。そしてそういうお客様は、知り合いの方に「あそこのお店、おいしいから行ってみて!」とおすすめしてくださったり、一緒にお店に連れてきてくださったりします。「いいお客様」は、また別の「いいお客様」を連れてきてくださるのです。

だからといって、単純にコツコツと営業していればお客様のリピート率が上がるわけではありません。僕らも、お客様がそう簡単にまたお店に足を運んでくださるとは思っていません。これだけお見かけしたことのあるお客様ばかりが来てくださっている今も、やっぱりそう感じます。お店を続けているうちにわかってきたのは、いいお店は、「いいお客様」によってつくられるのだということ。新しく知り合って仲よくさせていただくようになるお客様もいれば、何かの都合で離れていかれるお客様もいらっしゃいます。僕らはそういう一つひとつの出会いを大切にして、自分たちのお店をつくっていかなければならないのだと思います。

そうして一人ひとりのお客様を好きになり、ご来店されるのが楽しみになってくると、食事やサービスと引き換えにやりとりされる「お金」以外のものに気づくようになります。

たとえば、ランチのお会計。レジで受け取る八五〇円は、金額としてはささやかなものかもしれません。でも、レシートをお返しする時に、お客様から「おいしかったです！」「ごちそうさまでした！」という言葉や笑顔をいただくと、僕らは八五〇円というお金と一緒に、すごく「いい気持ち」をいただいていると思えるのです。「いいお客様」から日々いただいている「いい気持ち」。それは目には見えないけれど、何物にも代え難い大切なもの。それこそが、僕らがこの仕事を続けていられる一つの原動力になっていると思います。

お店のブログから

置手紙。（2008／3／15）

雨の金曜日。

思いがけず賑やかな、ホントに久しぶりに活気のある金曜の夜……慌ただしいうちにお食事のラストオーダー、僕は下の黒板を書き替えに下りる。まだ雨は強く降っていて、なんで今夜こんなにお客様がたくさんご来店下さったのか、Hanako効果ってかんじもしないしなーとちょっと思いつつ、でもくたくたの身体に賑やかな夜の熱が残っているかんじで、あたたかい雨が気持ちよく思えたり。

黒板を書き替えてお店に戻る。

各テーブルの片付けものを運んでくるまあこ……okayan、これがあそこの席に置いてあったよと、僕にメモを渡してくれる。二つ折りにしてあるメモ用紙、お店の方々へ……そして、ごちそうさまでしたと、そう書いてある、置き手紙……あのお客様。

早い時間からご予約なんかで店内は満席。店の真ん中、大きめの席だけが、ようやく空いたそんな頃……そのお客様はご来店下さいました。お一人様ですか？　とお伺いすると、えぇ、一人です……真ん中のお席でもよろしいでしょうか？　ちょっとご相席になることもあるんですが、よろしかったらどうぞと……彼女はちょっとためらいながらも、下げものがすんだばかりの大テーブルの角におかけになりました。

大きなテーブルに一人、なんとなく、居心地が悪そうというか……僕だって、やっぱりそう思うもんなと……そんなお席にしかご案内できないのを申し訳なく思いつつ、でもそれ以外に、ホールスタッフとして為す術もなく……

その……なんとなく、間の悪いかんじ。でもそれは単にはじまりに過ぎませんでした。

ご注文しようとお伺いしたメニューは売り切れ……しかも二度も！（ちょっと残っていたものをサービスするくらいしか出来ず）　途中大人数のお客様がいらっしゃったため、お席を移っていただき、そしてお帰りの際も、他のお客様のお会計が何組か続き……僕は彼女がお会計したそうにしているのをわかっていながら……自分が会計をしているものだから、ヒトコトお声を掛けることも出来ず……。まあこにお茶を持って行ってもらうのが精一杯、とにかく一事が万事、間が悪い……それどころか、どんなに誠実に対応しても空回り。逆に対応すればするほど間の悪さを上塗るだけのように思え……でもそれは僕が悪いわけでも、彼女が悪いわけでも決してなくて、単純に間が悪いだけ。でもね、だけどね、それでもね。

だから仕方がないと……言えないですよね。ホール係としては。

手紙には、実にちょうど一年前にご来店いただいたことを、ホワイト・デーのマシュマロで思いだして下さったことや、あんなに間が悪かった中でも……食事もお酒も……僕らの接客も気持ちよく受けとめて下さったこと、そして……忙しい日々の中で自宅に帰るのも、いつも行かれているお店に行くのも気が進まない時、なんとなくうちのお店に来たくなる……

話をしたくないような気持ちだったのに、お話ししたくなりました、と。

僕は、その場で泣きたいような気持ちでした。ホール係として、おしゃべり店員として、これ以上にうれしい言葉が他にありましょうか？……ねぇ？

何組ものお会計をお待ちいただき、ようやく彼女のお会計。今日はこのような……謝ってばかりになってしまいましたが、やっぱり本当に申し訳ありませんでした……よかったらこれに懲りず、是非またご来店下さい、と。

でもその時の彼女が、とてもかんじよく、そしてにこやかに「また来ますね」と仰っていただいたのは……きっとそんな想いからだったんだなと。

いろんな人がいろんな想いで、お店に来て下さる。これからもいい仕事を、いいおしゃべり店員でいたいと……いていいんだと強く思いました。そして、次に彼女がお店に来て下さった時は……もう少し仲よくおしゃべりでもしたいもんだと、是非させていただきたいなと思いました。

ホントにうれしい置手紙でした。ありがとうございました。

……って、書きながらフタタビ泣きそう（苦笑）。

ちょっぴり特別な日のごちそう

お店をもっとよくするためにはどうすればいいかということは、毎日、常に意識するようにしています。といっても、コロコロ変えすぎるのもよくないですし、「とりあえず、ちょっとやってみようか」ではなく、「こうした方が絶対よくなる！」という自分なりの確信がなければやりません。

新体制に移行してから、お客様の数も次第に増えてきて、特にランチタイムは、日によっては「これ以上来られたら、もう死んじゃう！」というくらいお客様が来店されて、ごはんがなくなって早じまいしなければならなくなる時もあるほどになりました。売上を伸ばそうにも、客数をこれ以上増やすのは無理。どんなにがんばっても、ランチは一人前八五〇円。もちろん、今さら値上げするつもりもありません。

そこでランチタイムは、今までよりも客単価を上げる工夫をしようと考えました。お客様に「もう一つ頼んでみようかな」と思っていただくための仕掛けとして、ポテトサラダやカリフラワーのあちゃら漬けといった「本日のお惣菜」を、プラス一五〇円でランチにつけられるようにしたのです。すると、もうちょっとおかずが食べたいと思っていた方や、特に週末にランチと一緒にビールをお飲みになる方が、ランチができあがるまでの間のビールのお伴に、お惣菜を注文してくださるようになりました。それまで八五〇円ちょっとだった客単価が、週末には千円に届くようになったのです。

ディナータイムのメニューにも修正を加えました。まず、開店当時の定番メニューに入っていた肉じゃがを外しました。じゃがいもは季節によって味が変わりすぎる上、つくるのにも手間がかかり、保存するにも足が早いなどといった問題がある割には、それほど注文が入らなかったからです。その代わり、お客様から「今日はあれ、ないんですか？」とよく聞かれていた人気メニュー、ねぎとん、豚肉ともやし・ピーマンの香味炒め、高菜そぼろどんぶりなどをレギュラー化しました。こうした定番メニューのラインナップは、今でもその時その時の人気によって、少しずつ調整するようにしています。

「酒の肴」という仕組みも始めました。カシューナッツのスパイス炒め、豚肉巻きたまごの甘辛煮、クリームチーズの味噌漬けなどの定番メニューの肴のほか、五目豆やきんぴらごぼう、その他季節の食材を使った酒の肴を常に五品、夜の日替わりメニューに入れるようにしました。ゆっくり飲みたい時にちょこっとしたアテにできるような、あまりボリュームがありすぎない、安くて気軽に頼めるメニュー。二品から三品の肴を、ちょっとずつ盛り合わせにしてお出しできるようにもしました。これは酒の肴としてだけではなく、一人ごはん派のお客様が「ちょっとずついろいろ」食べるための小鉢的な役割も兼ねるように考えた仕組みで、その意味では完全にプランナー目線での発想です。

これらのほかにも、三種類の日本酒を少しずつ飲んで楽しんでいただける「利き酒セット」や、お酒を飲んだあとにちょっと欲しくなるひんやり系デザートのコーヒーゼリーなどもラインナップに加えました。こうした工夫は、要は、お客様に気持よくお金を使っていただくための商品や仕組みをどうやってつくるかということに尽きると思います。お店全体としては「変わらなくてほっとする」感も大事にする一方で、お店が停滞した感じにならないように、何か新鮮さを感じさせる要素も常に考えていかなければなりません。それらをバランスよく両立させるのは、結構難しいことだと思います。

いつも変化に富んだ、飽きないお店を演出するための工夫として、私たちのお店では、季節に合わせてイベント的な企画を組み込むようにしています。

・一月：日本酒新酒、週末チキンカツカレー（受験生応援企画）
・二月：恵方巻、バレンタインデーのデザート
・三月：ひなまつりデザート、ホワイトデーのデザート
・四月：つぶつぶいちごのババロア
・五月：昭和歌謡週間（昭和の日）
・六月：開店記念日（○周年記念グッズ作成など）
・七月：七夕デザート、丑の日うなぎメニュー
・八月：特別限定カレー祭
・九月：日本酒ひやおろし
・十月：ハロウィンのデザート
・十一月：ボジョレーヌーボー、デザートスコーン
・十二月：クリスマスディナー

こうしたイベントの中でも、特に思い入れがあるのは、クリスマスディナーです。開店して一年目のクリスマス、私たちは特別なことは何もせず、普通にお店を営業していました。客席は満席になるほどの大盛況。だけど、なぜか、あまりお見かけしたことのないお客様ばかり。「一度来てみたかったから」という新しいお客様がクリスマスを機会に大勢来てくださっていたのですが、普段から来てくださっている常連のお客様は、ほとんど来店されませんでした。

「満席になってお店の売上は上がったけど、うちのお店って、ちゃんとお客様に愛されているの？」

本当の意味で、お客様に愛されるお店でありたい。そう思った私は、「クリスマスに付き合ってもらえる本命のお店」を目指すべく、次の年から、予約限定の「クリスマス特別コース」を始めることにしました。名付けて「ちょっぴり特別な日のごちそう」。和洋折衷で、ちょっといい素材を使って、気取りすぎず、お母さんが特別な日に気合いを入れてつくったごちそうのようなコースメニュー。飲み物もちょっと特別なメニューを揃えました。すると、二年目のクリスマスの夜は、半分以上の席が常連のお客様で埋まったのです。そして三年目のクリスマスの夜は、前の年のクリスマスディナーのリピーターの方で半分以上の席が埋まりました。幸せな笑顔でいっぱいの客席を見て、私は達成感と喜びで感極まり、思わず涙ぐみそうになりました。

「全部おいしかった！」「また来年も楽しみにしてるよ！」

おなじみのお客様と、一緒に過ごすクリスマス。それは私たちにとって、本当に幸福なクリスマスなのです。

三月珈琲工房

二〇〇七年の春、僕らはお店のコーヒー豆の業者さんを変えることにしました。

それまでは有名な大手企業にお願いして、うちのお店用に焙煎・配合したオリジナルブレンドを卸してもらっていたのですが、その会社のシステムが変わって、一度に大量に発注しなければならなくなったのです。しかも、注文してから届くまで二週間もかかる。このシステムだと、たとえば、まだ春先なのに気温が高い日が続いてアイスコーヒーがたくさん出るようになった時、すぐにアイスコーヒー用の豆を追加注文するといったフレキシブルな対応ができません。うちのような小さなお店としては、とても困るのです。

そこで僕らは、二〇〇六年の暮れに吉祥寺にオープンしたコーヒー豆専門店、三月珈琲工房の甲斐一江さんに、うちのお店のコーヒー豆をお願いすることにしました。

甲斐さんと僕らは、以前からの知り合いでした。というのも、甲斐さんは三月珈琲工房を始める前、三鷹にある自家焙煎コーヒーの名店、まほろば珈琲店で修業をされていたのです。まほろば珈琲店はコーヒー好きの間では知る人ぞ知る有名なお店で、僕らも大好きなお店。うちのお店のコーヒー好きの常連のお客様にも、「今、あの会社の豆でこれだけおいしいんだから、まほろばさんの豆でいれたらもっとおいしいのに……」とよく言われていたものでした。

僕らも、お店で使う豆をまほろば珈琲店にお願いすることを検討したりもしていました。でも、僕らがちょうど豆の仕入れ先を変えようとしていた時期にお店を始められた甲斐さんに縁を感じたし、同世代で手に職をつけ、独立してお店を始めた彼女を応援したかった。彼女と一緒に、僕らも成長していきたいと思ったのです。

これまで使っていたうちのオリジナル「リトスタ・ブレンド」は、しっかりと深みのあるコロンビアをベースに、苦みと複雑な味わいを持つブラジルと、香りと風味のあるキリマンジャロをブレンドしたものでした。甲斐さんには基本的にこれと同じ組み合わせで、より良質な生豆をその個性に合わせて丁寧にブレンドした、新しいリトスタ・ブレンドをつくってもらうことにしました。

甲斐さんが配達してくれるコーヒー豆は、つやつやと黒光りしていて、見ていてほればれするほどの美しさ。その美しい豆でいれたコーヒーは、ミルクや砂糖を入れなくてもまろやかで飲みやすく、食後に飲むのにもちょうどいい味わい。コーヒーにこだわりのあるお客様にはよりいっそう喜んでいただけるようになりましたし、それまでいつも「アメリカンで」と頼まれていたお客様にも、そのままの味を楽しんでいただけるようになりました。

コーヒーというのは、抽出の技術によっても味が変わります。以前の豆では、抽出する人によってかなり味にバラツキが出てしまうので、練習を積んだスタッフだけが抽出していました。でも、甲斐さんの豆を使うと、お湯の温度をきちんと測って丁寧にネルドリップすれば、抽出技術によってバラついてしまいがちな味の差を、豆自体の力でカバーできるようになったのです。どのスタッフも少し練習すればかなりおいしいコーヒーがいれられるようになり、コーヒーそのものに興味を持つスタッフも増えました。コーヒーが苦手だったスタッフさえもがコーヒーを好きになっていくのを目の当たりにするのは、とてもうれしいことでした。

コーヒー豆を変えたことで、それにかかる原価は一・五倍に上がってしまいました。でも、もう後には引けません。だって、このコーヒーのおいしさがわかってしまったから。コーヒーはお店の「顔」となるメニューの一つです。この味のよさを考えれば、たとえ原価は上がっても、お店の経営にはプラスになる。僕らはそう考えました。

甲斐さん自身、高級な豆を「それなり」の技術で焙煎して高く売るのではなく、必要十分なクオリティを持つ普通のグレードの豆をきちんと焙煎して、手頃な値段でありながら納得のいく味のコーヒー豆をつくろうとしています。そういう甲斐さんの職人的なこだわりには、僕らもすごく共感できるのです。

別に、烏骨鶏《うこっけい》の高級卵を使わなくても、普通の卵で十分においしい厚焼き玉子はつくれる。ランチで毎日、あるいは週に一回ディナーを食べに来てもいいかなと思える値段に収まる範囲で、できるだけいい食材を使う。大切なのは、コストと品質のバランス。その食材に手間をかけ、ていねいに技術を注ぎ込んでおいしくするのは、料理人の力です。

普通のものにきちんと手間をかけて料理した、リトルスター・レストランの「ふだん着のごちそう」。甲斐さんの焙煎するコーヒー豆にも、僕らは同じ思いを感じるのです。

月と太陽

二〇〇七年の秋、僕とミヤザキは結婚することにしました。付き合い始めて九年、お店を始めて四年目のことでした。

僕らは、それまでも六年間一緒に暮らしてきたのですが、お店を始める前はタイミングがつかめなかったというか、正直、結婚のよさを実感できていませんでした。でも、お店でたくさんのいいご夫婦、いいご家族にお会いして、仲良くさせていただいているうちに、僕らも「結婚っていいなあ」としみじみ実感するようになりました。

前の仕事をしていた頃から、一緒にいる時間が長かった僕ら。お店を始めてからは、ほぼ毎日、二十四時間、一緒にいるようになりました。それでも僕らは、そのことを自然だと感じていました。時にはケンカもするけれど、飽きることはまったくない。リトルスター・レストランを始めたことで知った、二人で力を合わせて、一つの世界をつくり上げていくことの楽しさ。それをこの先もずっと続けていきたいし、続けていけると思える。それは「家族」という世界を二人でつくっていくことに、とても似ている……。そんな風にして僕らは、二人で生きていこうと決めたのです。

九月十九日、僕らはミヤザキの誕生日に入籍して、二十三日の秋分の日に人前結婚式と披露宴を二部構成で行うことにしました。出会ってこのかた、心配性で時に暗く落ち込みがちな僕が何とか輝いていられるのは、ミヤザキが迷いのない前向きなパワーで照らしてくれるから。僕が「月」で、ミヤザキが「太陽」。そういう思いを込めて、結婚式に「月と太陽」というタイトルをつけました。会場はもちろんリトルスター・レストラン。それ以外の選択肢は考えられません。

結婚式もお店同様、何から何まで僕らの友人の手を借りることにしました。結婚指輪はお店の看板をデザインしてくれた行本詩麻さんに。引き出物のブックエンドは同じく看板をつくってくれた鍛冶職人の中澤恒夫君に。「月と太陽」のシンボルマークはイラストレーターの石井拓弥君に。写真はミヤザキの幼なじみ湯浅ヒロミさんに。会場の装花は仲良しのお客様である西荻窪のウェディングフラワーのアトリエ、オルテンシア・アズールに。そして、ウェディングケーキをつくってくれたフカザワをはじめ、当日のキッチンやホールの仕事は、当時のお店のスタッフだけでなく、お店を

卒業したスタッフ全員、名付けて「リトスタ・オールスターズ」に集結してもらい、あれこれ助けてもらうことになりました。

第一部の結婚式は、親族や昔からの友人たちにお祝いしてもらいました。行本さん手づくりの結婚指輪の交換、ウェディングケーキ入刀、お互いの弟と妹によるプロフィール紹介や友人たちの挨拶には、二人ともボロボロ泣いてしまいました。大きな結婚式場でやるような華やかな式ではなかったけれど、大切な人たちの前で自分たちの言葉で結婚を誓ったことは、僕らしい結婚式だったんじゃないかと思います。

そして夕方からは、第二部の披露宴。ここからはお客様にもぜひご一緒に祝ってい

ただきたいということで、会費制で入退場自由、フリードリンクでビュッフェスタイルの立食パーティーにしました。
結婚式の時間が押してしまって、開場まであと十五分しかない。スタッフ一同、大急ぎで店内を披露宴モードにチェンジ。ふと入口のドアのガラス窓を見ると、外にはもう大勢のお客様が！　スーツ姿の僕もドレス姿のミヤザキも、あわてて準備に走り回る始末。ようやく開場すると、どんどん、どんどん、途切れることなくお客様がいらっしゃる。常連のお客様も、まさか来てくださるとは思わなかった遠方からのお客様も、さらにはミヤザキの昔の会社の上司や同僚の方々、ご無沙汰していた友人たち……。

常連のお客様が、笑いながら教えてくださいました。

「大変！　三階から一階の階段を伝ってビルの外に出るまで、お客さんが並んでるよ！」

昔、料理長——ミヤザキのお母さんがお店にいた頃、突然「このお店、絶対にうまくいくわよ！」と言い出したことがありました。「お店の外の階段のところに、三階から一階までお客さんが並んでる夢を見たのよ！」と。「ないない！　絶対ないよ！」と笑っていたミヤザキ。でも、その夢が、現実になってしまった。お店の入口から、階段を伝って下の道路まで、お客様の大行列ができていたのでした。


当初、お客様は入れ替わり立ち替わりでいらっしゃると想定していたのですが、どうやらみなさん、披露宴の後半に予定していた僕のライブが始まるのを待ってくださっているらしく、会場内の人数は膨れ上がる一方。僕がギターを弾いて歌いはじめた時も、最前列はお子様たち、その後ろにはお客様がぎっしり。みなさんの視線を一身に浴びてものすごく緊張しましたが、世界一周の旅に出る前につくった自分の歌を何曲か歌いました。たいしてうまくも歌えなかったけど、お客様はとても盛り上げて喜んでくださいました。

披露宴の間、リトスタ・オールスターズは、お客様にフードとドリンクをお出しすることで、もうテンテコ舞い。でも、みんなの働きぶりはすごかった。全員、指示をされなくても、自分が何をすればいいのかをその場その場で考えて、テキパキと動いてくれていたのです。元スタッフと現役スタッフの、まるでいつも一緒に働いているかのように息の合った連係プレー。お客様の数が数だけに、みんな大変そうだったけど、すごく活き活きとしていて、楽しそうで……。最後に、バンドメンバーを紹介するようにリトスタ・オールスターズのみんなを一人ひとり紹介することができたのが、本当に誇らしかった。

お店を始める前、ここにいる人たちはほとんど誰も知り合いじゃなかった。でも、こうしてお店を続けてきたから、みんなと出会うことができた。こんなにもたくさんの人たちが、僕らを支えてくれている。ここは、本当に僕らの居場所になったんだ。

リトルスター・レストランをやってきて、よかった。心からそう思えた、幸せな一日でした。

でも儲からないー・きつい!!

「月と太陽」が終わったあと、お店はパタンと静かになりました。そしてお店の財政事情は、少しずつ苦しくなってきていました。

それまでもけっして儲かっていたわけではないけれど、前年比では少しずつ増えていたお店の売上が、その後は前の年の同じ月に届けばいいくらいに。思えばその頃から、世の中の景気が次第に悪くなってきて、小麦粉や油、バターなどの原価も跳ね上がり、周囲ではいろいろと値上げしたお店も多かったようです。

僕らのお店も、新たな転換期にさしかかっていました。二〇〇七年九月で、ヒデキが次のステップを目指すためにお店を離れることが決まっていたので、その半年くらい前から、新しいキッチンスタッフを二人雇い、ヒデキと一緒に働いてもらいながら仕事の引き継ぎをしていました。でも、僕らはちょっと慎重になりすぎた。ヒデキと新人スタッフ二人が重なって働いていた時期が長すぎて、結果としてその間、人件費が一人分余計にかかることになってしまったのです。

お店の資金繰りはギリギリの状況になり、二〇〇七年十二月、社員スタッフにささやかなボーナスを払うと、その月はオーナー三人の給料が出せなくなってしまいました。さすがに、ヤバいと思った。お店が潰れるとまでは思わなかったけど、やり方がちょっとまずかったと思いました。

景気が悪くなったり、人件費がかさんだりしたこともありますが、僕とミヤザキが「月と太陽」の準備でせいいっぱいだったことも、お店の経営が苦しくなった原因だと思います。秋になると客足が遠のくのは毎年のことだから予想できていたのに、それに対して、何も有効な対策を立てていなかった。僕らは何の種も蒔《ま》いていなかった。種を蒔かなければ、何も育つわけがありません。

お金の問題だけでなく、翌年の春にはホールスタッフの清水さんが結婚退職し、さらにその年の暮れには、フカザワがお店を離れることが、その頃にはもう決まっていました。当時のお店の厳しい経営状況で、さらにヒデキや清水さん、オーナーの一人であるフカザワと、それまでお店を支えてくれていた主力のスタッフが次々とお店を離れることが決まっている。心配性の僕は、いったい何をどうすれば状況がよくなるのか……と途方に暮れました。

そんな状況でもミヤザキは、「人が入れ替わっても、味もサービスも変わらずいいものでお客様をおもてなししたい」と、新しいスタッフを一人前に育てることを最優先事項として考えていました。僕もそれには賛成でしたが、そうは言っても、もうちょっとスタッフにお給料を払えるようにならないと、安心して働いてもらえません。となると、もっとお店で儲けるようにしなければ……出ていくお金を気にするより、入ってくるお金を増やすことを考えなければ！

お店にお客様をお呼びするのは、オーナーの仕事。僕らは、家で、お店で、自転車通勤の途中で、ずっと話し合いを続けました。あらためて考えてみると、まだまだやれることはたくさんある。苦しい今こそ、自分たちにできることを、一つひとつやっていこう。面白そうなことの種を、また少しずつ蒔いていこう。

ミヤザキがまず手をつけたのは、イベント的な限定メニューを繰り出して、お店を盛り上げること。お客様が少なくなりがちな時期のテコ入れとして、「受験生応援企画?! 週末限定チキンカツカレー」などといった小さなイベントをまめに企画し、きちんと告知して実施することを徹底するようにしました。

僕が手をつけたのは、お店のブログのリニューアル。その時にお店でやっているイベントや、おすすめのメニューが一目でわかるように、トップページの一番目立つ部分に告知のイメージ画像を切り替えて表示できるようにしました。お店でスタッフが働いている様子や、ちょっとした小ネタなどをケータイで撮った写真でお知らせする「ウラ★スタ！」というコーナーも新設。定番メニューや宴会コースの紹介ページも、料理の写真とともにわかりやすく充実させました。

そんな風に種を蒔いても、そう簡単に芽が出るわけではありません。やっぱり、この仕事は甘くない。経営的にも厳しい時期が続きました。

肉体的にも、この仕事は本当にきついです。僕らオーナーは、スタッフの誰よりも長い時間、誰よりも安い時給で働いています。週に六日、一日十五時間労働。お店にお客様がいらっしゃるうちはまだテンションが高いのですが、閉店して後片付けを始めると、まるで両肩の上に何か重いものがのしかかるみたいに、どっと疲れが出てきます。自転車で家に帰ったら、もう倒れて寝るだけ。その次の日も朝から仕事。スタッフのみんなも、僕らよりは短い勤務時間だけど、常に全力で仕事をすることを求められているので、きっときつい職場だと思います。

でも、みんなで力を合わせて仕事をして、お客様にいい時間を過ごしていただいた時の満足感と達成感。お客様が来てくださってよかったな、とみんなで共有する喜び……。こういう喜びがあれば、その厳しさをのり越えて行ける。お金は後からついてくる。強がりかもしれないけど、僕らはそう思っています。

新しいメニューを考える時

リトルスター・レストランでお出ししているメニューのうち、お店の味の基本となっている定番メニュー――鶏のから揚げや厚焼き玉子など――のほとんどは、料理長だった母がつくっていた味に忠実につくっています。それ以外の準レギュラーメニューや日替わりメニューの大半は、私が考えた料理です。けれど、私の舌は子供の頃から母の料理によって鍛えられてきたので、二人の味覚はほぼ同じ方向に向いています。そういう意味では、リトルスター・レストランの料理の味は、開店当初からブレていないと思います。

お客様に人気のあるメニューは、ねぎとん、チヂミ、レバーペースト、北京やっこ、ポテトサラダ、高菜そぼろどんぶりなど。年間を通じて食べられる定番や準定番の人気メニューがあるというのは、お店にとって大切なことだと思います。ただ、一年中すべて同じメニューで……というのでは、お客様はもちろん、つくっている私たちも飽きてきてしまいます。だから、定番や準定番のほかに、その時その時の旬の食材を取り入れた、季節感と新鮮味を感じられるメニューも揃えることを心がけています。そういう新しいメニューを開発するのは面白いけれど、試行錯誤の連続です。「今の季節はこれを食べなきゃ！」という旬の食材は活かしたいし、青果店や鮮魚店でいい食材を見つけたら、それを使ったメニューを考えたりもします。そんな風にして考案したメニューが、次の年の同じ時期に「去年食べたあれ、そろそろだね。楽しみにしてるよ！」とお客様に言われたりすると、密かに心の中でガッツポーズ。自分も「そろそろあれが旬だな……」と季節を感じながら料理をつくるのを楽しみにしています。

旅先で食べた料理が、新しいメニューのヒントになることもあります。私の場合、素朴な郷土料理や家庭料理に惹かれることが多いです。アジアやハワイなどといった海外の料理でも、いいなと思うのは、その土地で日常的に食べられている料理。やっぱり私は、普遍性があるというか、流行に左右されない料理が好きなのだと思います。目先の楽しさや珍しさだけでつくった創作料理の味は、自分もお客様もすぐに飽きてしまう気がするのです。

メニュー開発をする時、実験感覚で「とりあえず……」とつくりはじめることはありません。なんとなくつくってみても、おいしくはならないからです。「こういう味がほしい！」というゴールを必ず明確にしておいて、そのゴールに向かってひたすら進んでいきながら、調理法や食材の組み合わせなどを考えていく。そうすれば「何がしたいのかわからない味」にはなりません。この「ゴールを目指す」という手法は、プランニングとも共通するやり方だと思います。

「この料理、家で食べるにはいいけど、お店のメニューとしては成立しないかも……」という是非は、自分の感覚で決めます。自分の家でつくる毎日のごはんに求められる「おいしい」と、お店でお客様に食べていただく料理に求められる「おいしい」とは、明らかに違います。お客様が注文時に想像されている味の期待値を、ちょっと上回ることが大事。お客様が想像した味を裏切ってしまわないように、少しだけ上回るようにする。たとえどんなにおいしくても、想像からかけ離れた味だと、お客様は「おいしい」と感じてくださらない時があるからです。

お店でお出しするわけですから、キッチンでのオペレーションがうまくいくかどうかも、新しいメニューを考える上では重要です。おいしければ何でもいいというわけにはいきません。注文が入ってから一からつくる料理はオペレーションが大変なので、お出しするとしてもごく一部。どこまで仕込んでおけるか、調理や味付けが決まりやすいかどうか、どのくらい日持ちするか……。さらに、その日のラインナップの中でのバランスも大事。さっぱりとこってり、まろやかとパンチの効いた味などといった味わいのバランス。肉、魚、野菜などの食材のバランス。冷菜、煮物、揚げ物などの調理法のバランス……。

「あのお店に行ったら、あれを食べたいよね」と思っていただけるメニューを考えるのは、簡単なことではありません。けれど、それには特別な才能やセンスよりも、日々の小さな努力や工夫を積み重ねながら、しっかり頭を使って考え、常に意識して感じることが大切だと思います。

母がお店を引退する時、「十年くらいまじめにお店をやっていたら、きっと料理研究家になれるわよ」と私に言いました。母は時々、こういった予言めいたことを口にします。けれど私は、料理研究家になった自分というのがあまり想像できません。それは、リトルスター・レストランの店長であり、「料理人」である自分を気に入っているからかもしれません。料理研究家でもなく、ほかのお店の店長でもなく、三鷹の小さなレストランの「料理人」(「オーナーシェフ」というよりこっちの方がしっくりきます)。そうして、「ふだん着のごちそう」を自分にできる一番いい形でお客様にお出しする。その料理で、お客様がにっこりと笑顔になる。肉体的な辛さも何もかも吹っ飛ぶ、この仕事の至福の瞬間。私はそれを大切にしていきたいのです。

キッチンスタッフの計算

リトルスター・レストランでは、私のほかに二人のキッチンスタッフが料理をつくっています。基本的に、メニューを開発したり細かいレシピを決めたりするのは私がやって、スタッフにはそれに沿って調理してもらうようにしています。

うちのキッチンスタッフは、まったくの素人から料理人になろうとしてスタッフになった人が多いので、料理について基礎から教えることも多いです。けれど、うちのお店は学校ではないし、そんなに悠長に教えているヒマもないので、まず実際に何度も何度もつくってもらって、火加減とさじ加減を身体で覚えてもらうようにしています。そして、「最低でも、常に八十点以上のクオリティでつくれるようになったら、その料理をお客様にお出ししてもいい」と決めています。スタッフそれぞれの好みや個性もあるため、いつも完全に私と同じようにつくってもらうのは難しいのですが、いちいち私が全部味見するわけにもいかないですし、スタッフの自信にもつながるので、ある程度は任せるようにしています。けれど、あんまり口出ししなさすぎると思わぬ失敗をしてしまうこともあるので、スタッフにもっと上達してもらうためにも、付かず離れず様子を見ながら、時々味をチェックしたりしています。いつもつくっていることで油断してしまわないように、スタッフにも常に考えながら料理してもらうようにしているのです。

焼き物で難しいのは、火加減の見極め。どのくらいの火力で何分焼くか？　ちょっとした違いで、火が通らなかったり、通りすぎたりしてしまいます。同じ肉を焼くのでも、その厚みによって火加減を変える必要があります。いつもよりちょっと厚いなと思ったら、焦げつかないように少しだけ火を弱めて、いつもより長く焼く。もちろん食材が違えば、それによって火加減も考えなければなりません。

揚げ物は、お風呂に氷を入れるようなもの。熱い油の中に冷たい食材を入れるので、温度変化が激しすぎるとうまく火が通りません。油の温度変化を最小限に抑えるようにしなければならないのですが、大量に食材を入れると、油の温度は急激に下がります。「この食材をこれくらい入れるから、火加減はこのくらいに……」と、食材の種類や量によって油の温度がどうなるかを常に計算する必要があります。揚がり具合の見極めも大事。音や泡の出方をよく見たり、箸の先で触ると伝わってくる細かい振動を探ったりして、タイミングを計ります。揚げすぎると、旨味が出切って食材が固くなってしまうからです。

炒め物は、スピード勝負。基本的に常に強火で、火の通りにくいものから炒めます。味つけは火が通ってから。塩などを早く入れすぎると、野菜から水が出て、ヘタッとなってしまうのです。

煮物は、味つけ自体はそんなに難しくないのですが、煮崩れてしまうとダメですし、それぞれの食材にちょうどよく火が通るようにつくるのは、かなり難しいです。食材の種類や煮汁の量、それらに適した火入れと余熱の具合を入念に計算する。その加減は、理屈よりも身体で覚えていく部分が大きいと思います。

盛りつけも味のうち。スタッフには「だらしなく盛らないこと!」と常に言っています。料理が皿にべちゃっと盛られていると、お客様に「わぁーっ!」と思ってもらえません。かといって、うちは家庭料理のお店なので、あまりに凝った盛りつけではお客様も肩が凝ってしまいます。コツとしては、立体的に、ふわっと空気を入れた感じに盛ること。ラフなようで、雑でもなく……。このバランスを人に教えるのも難しいことです。トマトや万能ネギなどで彩りを添えることも大切。ししとう一本を飾る

位置だけでも、盛りつけの印象は変わってくるのです。

こうして細部まで気を配って料理をつくっても、客席にどういう風にお出しするかも考えないと、せっかくの料理がだいなしになってしまうこともあります。キッチンスタッフは常にお互いに声をかけ合い、客席の状況をチェックしながら、料理をお出しするタイミングを計算しています。

たとえばランチの時、一つのテーブルに複数のお客様がいらっしゃる場合は、全部の料理が誤差三分以内に揃うように、できあがりまでにかかる時間を計算しながらつくっています。ディナータイムでも、前菜やサラダからメインディッシュまでの流れが壊れないように、各テーブルのお客様のお食事のスピード、お酒の進み具合などを考慮しながら料理をつくっています。そうしてキッチンで計算しながらつくった料理を、ホールスタッフがきちんと感じよくお出しする。そうして初めて、お店として「普通のサービス」が成り立っている状態だと思います。スタッフ全員がそこまで頭を使って計算していなければ、私たちが考えるいいサービスはできないのです。

調理にしろ、盛りつけにしろ、ホールスタッフに「お願いします！」と料理を手渡す時でさえ、一つひとつに「よしっ！」という気合いを――愛情を込める。私はこのことを「ま、いっか撲滅運動」と名づけて、キッチンスタッフに教えています。料理は、一瞬「ま、いっか」と思っただけで、ダメになってしまうことがあるのです。たとえば、油の温度が低めなのに「ま、いっか」と大量の食材を揚げようとしても、カラッと揚がりません。生姜《しょうが》を添える時に「少ないかな……ま、いっか」とそのままお出ししたら、その風味をお客様が味わえません。盛りつけの時も「ちょっと崩れそうだな……ま、いっか」とそのままにしたら、ホールスタッフが運ぶ時に盛りつけが崩れてしまいます。「ま、いっか」の罠はあらゆるところに潜んでいるのです。そういった油断をなくしていくには、「お客様がそのお皿を目にした時にどう思うか？」をきちんと想像すること。少しでも「ま、いっか」という気持がよぎったら、「よくない！」とすぐに自分で思い返さなければなりません。

だから私は、キッチンスタッフにも機会があればどんどんホールに出ていくことを勧めています。私自身もホールに出るのは好きです。厚焼き玉子をテーブルにお持ちして、「わーっ、すごい！」と言われた時のお客様の表情を見ること。「おいしそう！」という言葉を直に聞くこと。これ以上に「よし、がんばろう！」と思わせていただけることはありません。この実感が料理人を成長させるのだと、私は固く信じています。

お店のブログから

30%。（2008／11／27）

まだ僕がグラフィックデザインの仕事をしてた時……しかも始めたばかりの頃、その頃僕に仕事をくれていた広告代理店勤務のミヤザキ（現当店店長でワタクシのツレアイ）が、僕のつくったデザイン案を持って、打ち合わせに行き……そして直しが入ったりするわけですが……

ここ、もう少し大きくして。

タイトルとかメインの写真などを大きくする……そうゆう修正というのは、まぁ当たり前によくある話なんですけど……一応持って行ってもらった時点で、きちんとバランスよくレイアウトされているその中の一部を……ほんのちょっと大きくするくらいでお茶を濁せるなら楽なんですけど……って、ちょっとだけ大きくしてミヤザキに見せてみますと……

大きくなってる？　最低30％は大きくなってないと、ぱっと見わかんないよ。

ということで、ま、仕方ないと（苦笑）、単純に130％に拡大してみますと……やっぱりお茶が濁せるバランスではなく……またあーだこーだとデザインの調整をする……ちょっと面倒くさい（苦笑）。でもそんなことが何度かあって、僕の中に刻まれたのが、この30％という数字。

お店をやっている中で、やっぱりこの30％のことをよく考えます。

例えばホール係。例えばとてもきれいなオンナノコ……美人だし、かんじもいい……でも、ふつうの顔をしてる時、誰かと顔を合わせてるわけでもなく、誰からも自分が見られてない（と思っている）、ある意味全然緊張感がない時……いくらかんじがよくて美人であってさえも……

なんか、かんじ悪いんですよね（苦笑）。

……逆に美人でかんじよければなおさら。だから、お店がヒマでほとんど接客なんかする機会がないようなときもホール係は……でも意識して30％くらい笑顔でいる様にしてくださいと……30％くらい笑顔増量でいても……ふつうにかんじいい店員くらいにしか見えないんですね（笑）。

ホール係は笑顔30％増量でもふつうにしか見えない。

ええ、ホール係にとって、これ、ものすごい大事です（笑）。そしてこれがものすごい上手にできたのが、この春寿退社した清水さん。ホント素晴らしかったです……どんなにヒマな時でも、いつも笑顔でいてくれましたからね、彼女は。

そして、もうひとつ言うと……30％くらい増量しないと……やっぱりまわりからはその変化に気づかれないことが多いですね。自分はがんばって（どんどん成長して）いるつもりなのに、なかなかまわりがそのがんばりをわかってくれない……って思っている方もいらっしゃると思いますが……それは単純に言うと、

まだ30％までは増量してない。（残念）

ということなんじゃないでしょうかね？　冒頭で書いたデザインの話じゃないですけど、ホントに30％増量すると……まわりはそれを無視できないんですよね、その変化を。そして……仕事ができる、クオリティが高い人になればなるほど、30％の増量は……変化が大きい、高いハードルと言うことになるわけですね。

夏の終わりにレギュラーキッチンスタッフとしてうちに加わってくれたはま子……ほとんど素人さんという彼女ですから、えぇ、最初はまるでなんにもできないわけで（笑……当たり前です）、でも少しできるようになると……すぐに30％をクリアするんですね。そしてまた１３０％になったはま子が、次の30％増量をクリアし、またさらに30％を加えていく……だからはま子の成長は本人にもまわりにもすごいわかりやすい。

でも1年前、同じ様にほとんど素人さんで加入したくろちゃんは……やっぱり1

年分の積み重ね、そりゃはま子に比べたら、ものすごく仕事ができるわけで……でもその分、かなりがんばらないことには30％増量できない……そしてまわりもその成長に気づけない。

だから、ちょっとしんどいね（苦笑……でもがんばれ！）。

ま、でもそれは個人個人に限らず、お店そのものにも当てはまりますよね。オープンした頃の、僕ら素人さんのお店が、少しずつ……きちんとした仕事ができる様になるのは早かったかもしれません。でも、そこからホントにみなさんに認めていただける様ないいお店になっていくのは……やっぱり本当に難しい。

いや単純に売上を30％上げるのも至難の業！（苦笑）

それでも……いや、そんなところで腐ったりしないで、いつもいつも……そうやって自分が変わっていくことで、カクジツにまわりも変わるし、みんながみんなそうやって変わっていけば……ね？

プラス30％を意識していくこと。

僕にとっての、ひとつの糧であり、そして……おまじないの様なものであります、

えぇ、30％。

よろしかったら、みなさんも、是非！（笑）

答えはお客様の中にしかない

お客様がお店に入って来られたら、パッといい笑顔で「いらっしゃいませ！」。第一印象は、まず最初のおもてなし。それからすぐ人数をお聞きして、席にご案内します。「どこのお席がよろしいですか？」とは言いません。そうすると、かえってお客様が迷ってしまいます。僕らホールスタッフは、次に何人組のお客様が来られたらどの席にお通しするかということを、なるべくあらかじめ自分で決めておくようにしています。迷いなく、笑顔で、きっぱりとご案内する。もし、お客様に「あっちの席でもいいですか？」と言われたら、すぐに切り替えてご案内します。その時のお客様の雰囲気によってどの席にお通しすればいいかを感じ取るのは、ホールスタッフの役目です。

席までお通ししたら、おしぼりやメニューブックをお出しして、自分の言葉でご案内します。リトルスター・レストランには、接客時の言葉のマニュアルはありません。こういう風に言わなきゃいけない、という決まりがあると、それを言いさえすればいいと安心してしまいます。それより、いつもお客様に合わせて自分の言葉で話す方が気持が伝わります。スタッフが自分の実感を込めて話すことが大事です。たとえば「何がおすすめですか？」とお客様に聞かれても、自分が好きなメニューなら、自信を持っておすすめできる。もちろん、うちの料理はおいしいですから、何をおすすめしても大丈夫。

大きな声でオーダーを通したら、客席全体の様子を見ながら、キッチンとドリンカーの両方の動き、つまり、その時のお店の「流れ」をある程度頭に入れつつ、次に自分がどうすればいいかを常に考えながら動きます。自分でちゃんと考えながら動いているスタッフは、お客様に呼ばれる前にお伺いに行けるようになるし、空いているお皿をお下げしたりする時間とタイミングが読めるようになります。そうやってお客様のおもてなしを最優先しながら、お店の「流れ」に注意を払いつつ動くのが、僕らホールスタッフの仕事なのです。

お客様をよく見ること。それが接客の始まりです。ポケットにタバコが入っている方には、灰皿をお出しします。薬を持っている方には、お冷やをお出しします。メニューブックを広げている方には頃合いを見はからってご注文を伺いに行きますし、夜のお食事がそろそろ終わるという方には、熱いお茶をお出しします。お客様が何かを頼みたそうなサインにいちはやく気づくこと。極端な話、僕らはお客様に「すいません」と呼ばれてしまったら負けというくらいの気持で働いています。

以前、ランチタイムであるお客様にお食事をお持ちしたホールスタッフが、そのお客様が左利きであることに気づきました。食後のドリンクはホットコーヒー。そのスタッフはドリンカーの僕に、「あのお客様には、コーヒーのスプーンを左利き用にセットしてお出ししてください」と指示してくれました。

お食事が終わったそのお客様には、たまたま僕がドリンクをお持ちすることになったので、スタッフの指示通りに左利き用にスプーンをセットしてお出ししました。すると、お客様は驚いた顔をされ、お帰りの際にも「左利きってわかってたんですか？」と感激された様子。僕は「スタッフからそのように伺っておりました」とお答えしました。

もちろん、いつもこんな風にうまくいくわけではありません。でも僕らは、アルバイトのホールスタッフにさえ、そこまでの仕事のクオリティを求めています。そういうおもてなしこそが、リトルスター・レストランの接客なのだと思います。

もし、どう対応すればいいか迷った時は、自分で勝手に判断するのではなく、お客様に一度お伺いすることも必要です。たとえば、ランチと一緒にビールをお召し上がりになっているお客様。お食事は終わっているけど、ビールはまだ残っている……その時、すぐに食後のホットコーヒーをお出ししていいかどうか？　それは必ず、お客様に直接お伺いしなくてはなりません。答えはお客様の中にしかない。その答えを、こっちが勝手に決めつけてしまってはダメです。それはかえって、お客様をないがしろにしていることになりかねません。

誰だってそうであるように、お客様は、小さな気遣いでも喜ばれるし、少しでも「ないがしろにされている」と思うと不快感を覚えます。たとえば、平日のランチタイム、昼休みの時間帯におひるごはんを食べに来られたお客様に、食後のドリンクをお出しするのが少し遅くなってしまった……その場合は「お時間は大丈夫ですか？」と気遣うのを忘れないようにします。ディナータイムで、焼くのに時間がかかる厚焼き玉子が混雑のためにお出しするのがさらに遅くなっている時は、「申し訳ありません、今、焼いておりますので」という感じでお客様にお声をかけて、少しでも気持ちよくお待ちいただけるようにします。お食事が終わったお客様にデザートをお持ちする前には、空のお皿をお下げする時に「今、デザートをお持ちしますね」とお声がけします。お客様に安心していただけるように、常に心を配って接客しなければならないのです。

僕らは、あなたのことをちゃんと見ているし、気にかけています。それがきちんとお客様に伝わるように接客すること。これは、マニュアル的なものに従えばできるようになるわけではないと思います。お客様を見るポイントは教えることができても、最後は、接客するホールスタッフ自身の「心意気」にかかっているからです。

「感じがいい」ということ

リトルスター・レストランでは、これまでいろんなスタッフに働いてきてもらいました。お客様には「ここはタレント事務所みたいだよね！」と言われたこともあります。それぞれのスタッフのキャラが立っていて、みんな全然違うけど、でもみんな感じがいい、と。

「感じがいい」というのはかなり漠然とした表現ですけど、僕が考えるに、「感じがいい」というのは、小さな、でもちゃんとしたパーツがたくさん組み合わさっていることなんじゃないかと思います。挨拶。自然な笑顔。清潔感。だらしなくないこと。コップをテーブルにそっと置く。お客様の目を見て話をする。自分の言葉できちんと接客をする……。こうしたパーツが多ければ多いほど、その人はお客様から「感じがいい」と思われるんじゃないでしょうか。

接客は、美しくなければダメだと思います。お客様は、見ていないようで見ています。ホールでは常にお客様から「見られている」という意識を持つこと。たとえば、お客様にオーダーを伺う時の姿勢にしても、身長がそれほど高くないスタッフなら普通に立ったままお伺いしてもいいですが、身長が高いスタッフが立ったままお伺いすると、お客様を見下ろしているようでちょっと感じが悪い。かといって、背を屈めるのも美しくありません。なので、うちの身長の高いスタッフは、背筋を伸ばしたまま片膝をつくような姿勢でオーダーを伺っています。その方が姿勢がきれいだからです。そういうちょっとした姿勢にも気を遣うことで、周囲からさえ美しく見える。それも一つの「感じがいい」接客だと思います。

「感じがいい」接客は、そのお客様に合った接客かどうかということにも左右されます。たとえば、女性お一人のお客様とご家族連れのお客様に対して同じような接客をすると、失礼こそなくても、感じのよさはなかなか生まれにくいものです。僕のような男性のホールスタッフの場合、女性お一人の方にはまずは少し距離を置いて丁寧に接客し、あまりなれなれしくしないようにします。一方、ご家族連れの場合はそれこそお子様と同じ目線まで下げて、お子様が楽しめるような親しみのある接客をします。これが逆だと、ずいぶん感じが悪いですよね？

うちのスタッフには、お客様とは「友達のお友達」くらいの距離感で接することを意識してもらっています。マニュアル的に感じられるほど遠すぎるわけではなく、ベタベタした感じがするほど近すぎるわけでもない。直接の友達ほどくだけた関係ではないけれど、まったくの他人というわけでもないから、礼儀を保ちつつ、親しみを込めておもてなしする。それが「友達のお友達」という距離感です。初めてお店にいらっしゃったお客様に対しては、そういう距離感で入りながら、徐々にその人その人に合った距離感に調整していく。ホールスタッフにもそれぞれ個性がありますし、人と人との相性もありますから、その距離感はスタッフが自分自身で測るしかありません。お客様との適切な距離感を教えるのは、なかなか難しいことです。

それでも、オーナーである僕にはスタッフのためにできることがあります。僕は一日中、どの時間帯でもお店にいるので、ほかのスタッフの誰よりも多くのお客様と接しています。「おしゃべり店員」という接客スタイルもあって、お客様と親しくさせていただけるようになる確率も一番高い。だから、お顔やお名前、料理の好みなどを覚えたりして突破口を開くのは僕の役目。僕が親しく接しているお客様なら、ほかのスタッフにとっては初めてのお客様でも、親しみを持って接客することができます。言葉で接客や距離感のコツを教えるよりも、まずは僕が自分でやってみせるのが一番わかりやすいと思うのです。

自分の接客が「感じがいい」かどうかを確認するための基準は、「自分がお客様だったらどう思うか？」という点に尽きると思います。自分がこれから提供しようとしているサービスが、お客様をがっかりさせないか？　自分だったらうれしいと思えるか？　結局、基準はそこにしかありません。自分がしてもらってうれしいことが「感じがいい」ということ。だからスタッフには、自分の考える「感じがいい」という基準を大事にしてほしいと思うのです。

たとえば、レモンティーに添えるレモンスライスを切る時の厚み。ホットコーヒーに添えるミルクピッチャーに入れるミルクの量……それらを数値で示しても仕方ありません。レモンのどの部分を切るか、一つのピッチャーに何人分の牛乳を入れるのかによって、その加減は変わってくるからです。だから、スタッフに「どのくらいにすればいいですか？」と聞かれたら、僕はいつも「感じがいいくらいにしてください」とお願いしています。そうして「これは感じがいいのかな？」と常に考えることで、スタッフの中にある「感じがいい」かどうかという判断力が、次第に鍛えられていくのです。

お客様に喜んでいただきたい、がっかりさせたくないと思うようになると、スタッフはあれこれと楽しんで考えるようになります。たとえば、楽しみにされていたレバーペーストがあいにく品切れでがっかりされているお客様には、もし、ほんのひとすくいでもレバーペーストが残っているなら、何とかお出ししてあげたい……。ホールスタッフもある程度ベテランになると、「ちょっとでも残っていたらサービスで出してもらえる」とわかっているので、「ちょっとなら出せるよ！」とキッチンスタッフが返事をすると、「やった！」とうれしそうな顔でお客様にお持ちしてくれます。

お客様の喜んでいる顔を見たい。そんな気持で働くスタッフは、お客様をよく見ているし、いろんなことにも気がつきます。そして、「もっとこんな風にしたら喜んでもらえるんじゃないかな？」という「喜びの種」を発見しようとします。その種を見つけたスタッフが僕らに「お客様にこんな風にしてあげたいんですけど……」と提案してくれたら、僕らは「じゃあ、そうしてあげて！」と言うだけでいい。そうやってまたお客様に喜んでいただけることで、そのスタッフはどんどん成長していきます。ホールスタッフとしてだけでなく、一人の人としても。

そうしてお客様と接していくうちに、スタッフはそのお客様のことを好きになって

いく。誰だって、好きな人には「もっと好かれたいな」と思うものです。そんな風に思えるようになったら、もう「感じがいい」とかあまり考えなくてもいい。ぶっきらぼうなお客様でも、何も言ってくれないお客様でも、目さえ合わせてくれないお客様でも、こちらはいつもきちんとお客様の顔を見て、丁寧にお声をかける。それだけで、こちらの気持も伝わる。そしてそれを続けていくうちに、ぶっきらぼうだったお客様が、思いがけない笑顔をくださることもしばしばあります。その笑顔に、僕らは「やっぱり好きなお客様だなあ」と思えるのです。

リトルスター・レストランのスタッフが「感じがいい」とお客様に思っていただけているのだとしたら、それは今働いているスタッフの努力だけではありません。どのスタッフも新人の頃は、ちょこちょこと失敗したりするものです。それを優しく笑顔で許してくださったり、時にはアドバイスしてくださったりするお客様がいらっしゃるのは、開店以来、うちのお店で働いてきた歴代スタッフがずっと積み重ね、受け継いできた感じのよさがあるから。歴代スタッフが築き上げた感じのよさと、お客様が与えてくださる「いい気持」が、今働いているスタッフを助け、育ててくれているのだと思います。そうしてまた、リトルスター・レストランの「感じがいい」接客は、次のスタッフに受け継がれていくのです。

お帰りの時、最後にレジでお客様ときちんと向き合う。ご来店中に失礼があった場合はもう一度お詫びした上で、お会計をさせていただく。そこでお支払いいただくお金は、キッチンスタッフが心を込めてつくった料理や、ホールスタッフの丁寧で感じがいい接客……「リトルスター・レストランという体験」に対してお支払いいただくお金です。スタッフ全員が誇りを持って仕事をさせていただいた、その「心意気」に対していただくお金と言ってもいいかもしれません。

「ありがとうございました」と最後のお見送りをする時、何か一言、気の利いたことを言えたらいいな、と僕はいつも思います。心地いい時間をお過ごしいただけた、その「感じがいい」おみやげみたいな言葉を持って帰っていただければ、と。

「ごちそうさま！」

そのお客様の笑顔にこそ、何物にも代えられない価値があるのです。

人と働くことの面白さ

リトルスター・レストランのスタッフは、もともとお客様としてお店に来ていた人が多いです。「もとお客様」の人の方が、うちのお店が求めている料理や接客がどういうものなのかが伝わりやすいので、私たちもその方がいいかなと思っています。

スタッフ希望者に面接する時にチェックするのは、第一印象と、感じのよさ。基本的に、明らかにダメという印象でなければ、まずはお試しで二、三回働いてみてもらって、大丈夫かどうかをお互いに確認するようにしています。うちのお店は、時給がけっして高くない割に仕事で要求することが多いので、正直、「こんな安い給料しか払わないくせにうるさいな」と思われても仕方ありません。「とにかくお金を稼ぎたい」と思っている人には、うちのお店はまるで向きません。いい仕事をして、お金ではない「何か」を持ち帰るつもりでやってくれる人でないと続けられない仕事です。体力的にもきついし、お給料もよくないけれど、それでも仕事仲間やお客様から受け取れる「何か」がある。それが、この仕事のやりがいであり、面白さだと思います。

営業中の店内でのスタッフの動きは、バスケットボールの試合に似ています。お客様がいて、自分がいて、私やｏｋａｙａｎやほかのスタッフという選手がいる中で、どこでどう自分が動けば、お店がうまく、そして感じよく回転するか……うまくシュートできるかを考える。与えられたポジションでただ突っ立ったままボールが来るのを待っていればいいわけではないし、みんながボールに群がってもダメ。お店の中が今どんな状況か、その空気を読めるようになること。次に自分が何をすればいいか、常に三つくらいの選択肢を頭に入れておくこと。ボールを持ってドリブルしている人がいたら、自分がどこに走ればパスをもらえるか、あるいはそのままドリブルを続けてシュートまでしてもらうには自分は誰をマークすべきか、リバウンドを予想してどう立ち回るべきか……。そうして常に考えながら仕事をするように心がけていれば、最初は無理でも、だんだん「あ・うん」の呼吸で動けるようになります。ほかのスタッフが今どこで何をしているかがほぼ把握できるようになり、スタッフ同士で最小限の言葉しか交わさなくても、「こっちこっち、パス！」などと叫んだりすることなく、アイコンタクトで動けるようになるのです。そのレベルまで成長したスタッフと一緒に仕事をしていると、人と働くことの喜びを感じます。忙しければ忙しいほど、みんなの動きも研ぎすまされていく。そんなスタッフ同士のチームプレーに、私自身が感動させられることもしばしばです。

人は、お店を印象づける大切な要素。でも、明らかな失敗をしてしまうのもまた人。ｏｋａｙａｎは新しく採用したホールスタッフが初めてお店で働く時、いつもこんな風に声をかけます。

「緊張してますか？　そりゃしてるよね。緊張するのは仕方ないです。今日、あなたはたぶん何か失敗をします。でも、それでいいです。失敗したら、心からお客様に謝って、それから僕らに教えてください。僕らもお客様に謝ります。お店としてきちんと謝るチャンスを僕らにください」

もし、お客様に何か失礼があったら、その責任は私たちオーナーにあります。だからスタッフには、「ピンチになっても、店長とｏｋａｙａｎが絶対に助けてくれる」と信頼してもらいたいのです。いつも私たちが見守っているとわかってくれたら、スタッフにも自信と責任感が出てくる。スタッフには、私たちの顔色を気にするのでは

なく、お客様の方を向いて仕事をしてほしい。私たちは、お客様を大事にするスタッフをいいスタッフと感じます。そして、お客様にほめられるスタッフを誇りに思うのです。

うちのお店のスタッフは、みんな個性が強くて、みんな感じがよくて、そしてみんなまじめです。自分の働き方だけでなく、これからの自分の生き方についても、すごくまじめに考えています。私たちのお店は、オーナー自身でさえこれからどうなるかおぼつかない状態ですから、スタッフのみんなを終身雇用して人生を保証してあげることはできません。何年か働いたら、それぞれの新しい道に進んでいくスタッフがほとんどです。

けれど、リトルスター・レストランで働いてくれている間は、私たちがそのスタッフの人生を全力でサポートしてあげたい。体調管理、人生相談、恋愛相談……時には耳に痛いことも言います。うるさいと思われるかもしれません。でも私たちには、それくらいしかしてあげられない。自分の中で培ってきたものを、少しずつでもスタッフに伝えること。おいしいごはんと、幸せに生きるための考え方。それで「このお店で働いてよかった」と思ってもらえれば、こんなにうれしいことはありません。

人と一緒に働き、人を育てることに、「こうすればいい」というマニュアルはないと思います。一人ひとりが違う個性を持っているから、それに応じて伸ばせる長所を伸ばし、欠点を修正する考え方を示していく。大勢のスタッフとマンツーマンで向き合うのは、大変だけど、面白いし、自分自身が教えられることもたくさんあります。年齢や経験に関係なく、学ぼうと思えばどんなことからでも学べるということを、忘れてはならないと思います。そしてスタッフは、私たち以上に、お客様によって磨かれていきます。けっして私たちの口からは教えられないことを、お客様から日々教えていただいているのです。

もし、私が一人でお店をやっていたとしたら、お店にまつわることはすべて自分一人でつくり上げなければならなくなります。毎日コツコツと地味な作業を積み重ね、形にしたものをお客様に提供する。お客様との交流の中で時にアドバイスをいただくことはあったとしても、つくる時は一人っきりの孤独な作業です。

でも今、リトルスター・レストランには、私がいて、ｏｋａｙａｎがいて、頼れるスタッフたちがいる。スタッフたちは日々の営業の中で、私が何を考え、どういう理由で、どうやってそのメニューやサービスをつくって提供しているのかをよく知っています。だから、時に凝り固まっていた私の頭をほぐしてくれたり、思いもよらない方向からの見方を教えてくれたり、小さなアイデアを与えてくれたりします。そうやって完成されるメニューやサービス——お店そのものは、私一人だけではけっしてつくり上げることのできなかった世界だと思います。

スタッフを育てたり、みんなの都合を合わせたり、責任が重くなったり、人が増えたことで手間や時間がかかったり……面倒なことだってもちろんあります。けれど、みんなと一緒だからこそ、一人では想像し得なかったことが起こる。リトルスター・レストランという小さな星が、輝きを放ちはじめる。その感動や喜びは、人と働くことでしか得られないものだと思うのです。

新聞やブログで伝わるもの

リトルスター・レストランを始める時につくったフリーペーパー『毎月新聞ごはん』は、それ以来ずっと、毎月欠かさず発行し続けています。最初の頃は「お店をオープンする時は、どこでもこういうことをやるんだよね」と言われたりもしましたが、五年間ずっと出し続けているのは、メリット云々《うんぬん》ではなく、僕もミヤザキもこういう新聞をつくるのが好きだから。

発行部数は、毎号千部ほど。うちのお店のほか、近隣で仲良くさせていただいているお店の店頭にも置かせていただいています。新聞の内容は、お店に関すること、お店で楽しめそうなこと、食に関することや食から派生すること、僕らが読んだ本の紹介など。ごはんを食べながら気軽に読んで楽しんでいただけるような内容にしています。特にオープンしたばかりの頃は、僕らのお店でこだわっていること——毎日精米して炊いているごはん、丁寧に出汁を取ったお味噌汁、手づくりのお漬け物のことなどを書くようにしていました。うちのお店は雑居ビルの三階という立地なので、気軽にお店をのぞいてみるにはちょっと敷居が高いというのは否めません。でも、この『毎月新聞ごはん』を読んでいただければ、初めてのお客様にも少しはお店の雰囲気を理解していただけるんじゃないかと思います。お客様にとっても、すぐその場で手に取って読むことができ、お持ち帰りいただけるツールがあるというのは、手軽で便利なのではないかと思います。

新聞には、僕らだけでなく社員スタッフも文章を書きます。文章を書くのがあまり得意でないスタッフもいますが、うちのお店では、新聞の記事を書くのも仕事のうち。上手でなくてもいいから、自分の思いを「言葉」で伝える力を持ってほしい。そしてスタッフが記事を書くことで、彼らの「顔」がお客様にも見えるようになる。そうすれば、お客様にもスタッフに対する親しみとともに、安心感や信頼感を持っていただけると思うのです。

こうしたフリーペーパーをつくる場合、自分でつくるにせよ、誰かにお願いするにせよ、大事なのは「何を書くか」ということ。デザインや雰囲気より、伝えたい思いや事柄がきちんとあることが大事です。僕らはたまたまプランナーとデザイナーだったので、Ｍａｃを使ってこういう体裁の新聞をつくっていますが、本当は手書きでつくるのが一番いい。字がうまくなくても、心を込めて一生懸命書けば、読む人には伝わるものです。ちなみに、手書きの方がいいというのは、お店で使うメニューブックや毎日の日替わりメニュー、ご予約のウェルカムカードなども同じです。印刷よりも手書きの方が、断然おもてなしの心が伝わります。

『毎月新聞ごはん』の印刷をお願いしている新潟の吉田印刷所とは、号を重ねるうちに特別な信頼関係が生まれてきました。入稿データのミスを指摘してくださったり、写真の色調整で困っていた時に相談に乗ってくださったり、東京に出張で来られた時は、お店に寄ってくれたりもしました。そうして単なる「印刷所」以上の仕事をしていただけるのも、五年間の変わらぬお付き合いのおかげだと思います。

そんな吉田印刷所から、毎月、新しい『毎月新聞ごはん』がお店に届く。ダンボール箱の中の包装紙を開いた時の、真新しいインキの匂い。「今月もがんばってつくったな」というその喜び。ただでさえ忙しいのに、『毎月新聞ごはん』を毎月出し続けるのは本当にきついけど、これがなくなると一番寂しいのはきっと僕ら自身。だから、これからもがんばって続けていこうと思っています。

『毎月新聞ごはん』と同じく、オープンの頃からずっと更新を続けているのが、お店のブログです。毎日、ランチタイムとディナータイムの日替わりメニューの紹介とともに、僕がその時々に思ったことを書いていくようにしています。

飲食店のブログなので、お客様が不愉快になるようなことは書かないようにしていますが、日々の更新に関しては、基本的にどんな話題でも書いていいと思っています。お天気の話、朝の自転車通勤の時に気づいたこと、気になった時事的な話題、お客様とのちょっとしたエピソードなど……。ブログはお店の記録でもありますから、「今日はこれを絶対に書いておきたい！」と思った出来事は、必ず書くようにしています。

もし、お店の集客目当てでお客様によく思われようとして、毎日いいことばかり書いていていたら、「ここ、ものすごくいいお店なんじゃないか」と思う人もいるかもしれませんせん。でも実際は、毎日そんなにいいことばかりではありません。僕は、お店が繁盛した時は「ありがとうございました！」と書きますが、逆にのんびりだった時は正直に「のんびりでした」と書きます。満席で何組ものお客様をお断りせざるを得なかったり、ランチが売り切れで早じまいしてしまった時などは、率直に「大変申し訳ありませんでした」と書きます。いいことも悪いこともなるべく正直に書いた方が、お客様にとっても誠実だと思うのです。

ブログを書く時に気をつけているのは、ブログを書いている自分と実際にお店で接客している自分との間に、あまりギャップが出ないようにすること。両者の差が大きすぎると、お客様が戸惑ってしまいます。そして何より大切なのは、更新頻度を落とさないようにすること。これは、その気になればどんなお店のブログでも真似できることです。いつ書いたのかわからないような古い文章がトップページに残ったままだったら、逆効果。「ちゃんとお店やってるのかな?」「やる気ないのかな?」と思われても仕方ありません。やっぱり、ブログは頻繁に更新されるからこそお客様が見に来てくれるし、お客様の気持がお店から離れなくなるのです。

うちのお店のブログでは、お店の日々の情報だけでなく、スタッフのことや、時には僕自身の個人的な話題を書くこともあります。

そういう個人的な文章を書きはじめたのは、お店を始めて三カ月ほど経ったある日のこと。その日はミヤザキの誕生日だったので、僕はちょうどその六年前、当時僕が住んでいた蒸し暑い風呂なしアパートに彼女を招き、たくさんのビールを飲みながら意気投合した時のこと――二人のなれそめのような話をブログに書きました。こんな個人的な文章が載っていると、特に初めてブログをご覧になったお客様はちょっと退《ひ》かれるのでは……とも考えましたが、この話はこのタイミングで書いておきたかったし、退かれたら退かれたでしょうがないと、ちょっとした覚悟の上でした。

でも、そのなれそめの話を掲載すると、ブログに設置しているＢＢＳ（掲示板）にお客様が次から次へとコメントを投稿してくださったのです。「ミヤザキさん、お誕生日おめでとう！」「この話、すごくよかったです！」……そんなにたくさんの反応が返ってきたのは、ブログを立ち上げてから初めてのことでした。僕らのお店に興味を持ってくれている人は、このお店をつくり、そこで日々働いている僕ら自身のことをもっと知りたいと思っている。実は、個人的な話であればあるほど、本質的なところでみんなは共感してくれる。やっぱり人は、自分が興味を持っている「自分とは違う誰か」のことを強く知りたいと思っているんだな。二人のなれそめ話に思いがけないほどたくさんの反応をいただいたことで、僕はそう考えるようになったのです。

当初、僕はブログのことをお店の情報をタイムリーに伝えるための告知手段というくらいにしか考えていませんでした。でも、こうした個人的な話も含めて日々更新を続けていれば、そこから思いがけない「つながり」が生まれることもある。それは、お店をやっていく上でもとても大切なものなのではないかと思います。

たとえば、ある日の朝、自転車通勤で激しい雨に降られて靴下がびしょ濡れになってしまったとブログで書いたら、お客様がその日の午後にわざわざ新しい靴下を差し入れてくださったり、僕が軽いぎっくり腰になってしまった時など、自宅で余っていたからとたくさんの湿布薬を差し入れてくださったお客様もいらっしゃいました。以前よくご来店いただいていたお客様が、遠くに引っ越されてからも、ブログを通じてずっとお店のことを気にかけてくださっていたり、逆に初めてのご来店なのに、新聞やブログを通じて、僕らのお店のことをすでにものすごくよく知ってくださっているお客様もいる。そんな時は、自分で書いているのに、ちょっとこそばゆいような、照れくさいような、でもとてもうれしい気持になります。

こうした「つながり」が、新聞やブログを続けていくための大きな原動力になっています。ご近所にお住まいの方とも、遠くにお住まいの方とも、ずっといい「つながり」を持ち続けていきたい。そして、そうした「つながり」から生まれてくるものもきっとあるんだろうな、と楽しみにしながら、僕らは新聞やブログをつくり続けているのです。

疲れてるとか言ってる場合じゃないくらい、必死でした。

宮崎曜子（料理長）

以前、私が病気を患ったあとにかなり回復した頃、「だいぶよくなったから、何かやろうかな。でも、私は料理しかできないから……」と言っていたら、娘が「だったら、またお店やったら？　私が企画を考えてあげるよ」と言ってくれたんです。そのうち娘自身が「私もお店やろうかな」と言いはじめたので、「じゃあ一緒にやろうよ」と、四人でリトルスター・レストランを始めることになりました。家に帰って茶の間で食べるような家庭料理を出すお店をやるのが、私の夢だったんですよ。「家庭料理に勝る料理はない」というのが、私の持論でしたから。

お店で働いていた頃は、大変でしたね。特にランチの時間は忙しくて、体力的にもきつかった。ほかの三人は、最初の頃、水割りのつくり方とか、お燗《かん》の仕方とかも知らなかったんですよ。けれど、みんな本当に一生懸命で、疲れてるとか言ってる場合じゃないくらい、必死にがんばっていました。お客様が少ない時は、ｏｋａｙａｎが自分から「駅前で新聞配ってきます！」と言って出かけていったり……。一緒に仕事をしている時も思ってたんですけど、私とｏｋａｙａｎはすごく似てるんですよ。私、前世はｏｋａｙａｎの妹だったんじゃないかな？　娘は「どっちも心配性だからね」と言うんですけど。

あれから五年経って……二人は、ちょっと疲れてるかな？　働いている人も入れ替わったけれど、お店自体は私がいた頃と変わっていませんね。これからも、そんなに大きくは変わらないんじゃないかな？　変わらない方がいい。もし変わっちゃったら、私が来て、じろじろチェックしちゃうかも。

リトスタでやってきたことが、今につながっています。

深澤圭子（フカザワ）

一緒にお店を始めようとあーちゃん（ミヤザキ）に誘われた時、迷いはほとんどありませんでした。それまで勤めていた会社の仕事は好きだったんですが、このまま続けていても、十年後も同じだと思えてしまったから。だから「お店をやろう」と言われて、単純に「面白そうだな」と思ったんです。もともと喫茶店とかにも興味はありましたし。

お店を始めて意外だったのは、思っていた以上に常連のお客様がついてくださるなあ、ということ。これはｏｋａｙａｎから聞いたんですが、ある常連のご夫婦のお客様が、「前に三鷹で気に入っていたお店が閉店してしまったので、これからは、気に入ったお店には頻繁に行くようにしようと決めたんです」と言ってくださったという話は、すごくうれしかったですね。

リトルスター・レストランで働いた四年半は……短かったというか、長かったというか。時間的にはたった四年半かもしれませんが、内容的にはものすごく濃かったので、もっと長くいたんじゃないかという気もします。

二〇〇九年から、私は「こいけ菓子店」というお店を始めました。リトスタでやってきたことは今につながっていると思います。自分はどんなお菓子をつくりたいのかと考えた時、私がつくりたいのも、毎日でも食べ飽きない、心も身体もほっとするようなお菓子――「ふだん着のごちそう」と同じだということに気がついたんです。それはたぶん、リトスタを離れてみてからわかったこと。今も、あのお店で働いていた時に気づいたこと、学んだことを常に意識しながら仕事をしています。リトスタがあるから、今の自分があるんです。

リトスタ・オールスターズ全員集合!!

リトルスター・レストランの
全スタッフに
アンケート調査しました!!

Q1. どうしてリトスタで働こうと思ったのですか?
Q2. 実際働いてみて、リトスタはどんなお店でしたか?
Q3. 好きなメニューはなんですか?
Q4. 働いていて、印象的だった出来事は?
Q5. あなたにとって、リトスタとは?

ヒデキ

(2005.4〜2007.9在籍)

Q1. タイミングですね! 前の仕事を辞めて、次はどこで働こうと考えてる時にドンピシャでお誘いをいただいたので、これはもう縁だな、と即決でした。

Q2. はっきりとした信念のあるお店で、それを丁寧に守っているお店。「守る」というのは飲食店最大の課題だと思うので、それをやりとげているのがスゴイと思います。

Q3. 「冷やし茄子・ごましょうゆだれ」と「チーズケーキ」は神! 次点は「南蛮漬け」「ハンバーグ」「生春巻き」ですね♪

Q4. とにかく常連さんのリピート率高し! 辞めて2年経ちますが、いまだにお店に行くと知っている方がほとんどだったり(笑)。愛されてますね〜。あとお客様のお食事がほとんど残らないところもすばらしいです。

Q5. 飲食店って、つまるところ働いている人そのものなんですよね。 リトスタは、ミヤザキであり、okayanであり、そして支えてくれたすべてのスタッフなのだと思います。そこに参加できてほんとうれしかった。

清水さん

(2005.4〜2008.3在籍)

Q1. 一度お店に行った時、内装や家具、雰囲気などがとても気に入ったし、お料理などもきちんと手をかけているお店だと思ったので、こんなお店で働きたいなと思い応募しました。

Q2. 想像以上にガッツのあるお店でした。普段のお店の営業に関しても、それ以外のイベントや新聞づくりやオリジナルグッズなど、すべてのことを自分たちで全力投球でやっていくお店だったので。

Q3. ランチのカレー、レバーペースト、厚焼き玉子、チヂミ……。とても一つには絞れません。

Q4. 働きはじめて、お客さんに初めて名前を呼んでもらえた時のことや、退職する時にたくさんのお客さんがお別れに来てくれたことです。今思い出してもうれしいです。

Q5. 難しい質問ですが、一緒に頑張ってきたスタッフやたくさんのお客さんたち、大切な人たちとの出会いをくれた場です。私にとって大きな財産です。

Q1. 料理のおいしさに惹かれました。

Q2. お店づくりに真剣に取り組んでいます。そして、地域密着なお店。ゆえに、大変なところもありました。

Q3. いろいろあるけども、やっぱり「焼きびたし」かな～？

Q4. 店長とokayanの結婚式。あの大混雑にはビックリでした。

Q5. キッチンの仕事だけでなく、たくさんのことを私が勉強できたお店です。

かわちゃん
(2007.3～2008.9在籍)

くろちゃん
(2007.6～現在在籍)

Q1. 手に職をつけたかった。そしてまだ若いお店だったので、初心者でもやりたいことをやらせてもらえるのでは？と思ったから。

Q2. 思った以上に仕事として求められるものが厳しかった。

Q3. かぼちゃのごま豆腐、大根柚子しょうゆ漬けなど。

Q4. 自家製レモンチェッロをつくっていた時、ウォッカに火がつき、鍋から床にかけて炎上したこと。あれはかなりびっくりした。

Q5. 日々の成長の場。

Q1. 自分が一番好きなお店で働きたかったのと、リトスタから学べることがたくさんある！と思ったからです。

Q2. よい意味で、日々いろいろなことを考えさせられます。脳も体もフルに使って楽しく働ける、本当にいい店です。

Q3. ねぎとんと、クリームチーズの味噌漬けです。毎日でも食べたいなぁ。

Q4. 「かきと豆腐のあんかけ煮」に豆腐を入れ忘れてしまったことがあって、まあこちゃんがそれに気づいてくれました。お客様によい料理を出すためにいつも注意して見ていてくれていたんだと、自分も気が引き締まった出来事でした。

Q5. 悩むこともたくさんありますが、一生懸命がんばれば、必ず何かいいことが返ってきます。まじめに、楽しく、仕事できる職場です。

はま子
(2008.10～現在在籍)

Q1. 他の人と比べると、チョ〜地味だと思うのですが……募集していたからです。すいません！　でも入口の手書きの看板、お店の入口、全てがオシャレに見えました。もちろん、募集のチラシも!!　……なので、面接の電話をしてみました。

Q2. スタッフ、お客様、すべてが温かいお店でした。一つひとつに本当にこだわってる、気合いの入ったお店でした。バイトに行くのが楽しみ★って思うのは初めてで、ウキウキして週末を待つ気分は、リトスタに恋してたんだと思います。

Q3. いっぱい、ありすぎで……玉子焼き、肉団子のオイスターソース煮込み、あちゃら漬け、おにぎり（こんぶ）、ポテトサラダ、ビール、日本酒、果実酒、他も、全部!!!リトスタメニューに嫌いなものはありません。

Q4. 残り物の、おみやげ。サンバカーニバル。

Q5. 家族……!!!!

テラシマ

(2005.4〜2005.8在籍)

Q1. 運命、ですね！　就職活動を終えて飲食で働くことを決めて、接客が学べるアルバイトを探していた時にもともと大好きだったリトスタが以前スタッフ募集していたのを思い出し、とりあえず来店。でも店頭にはもう募集の貼り紙はなく……勇気を出して問い合わせたところ、週末のスポット要員として拾っていただきました！

Q2. 想像通り、いや想像以上に誠実なお店でした。まずは料理。お通しも食後のコーヒーも手を抜かない！　と気合いが入っていて、クオリティに改めて納得。そしてokayanさんのサービス哲学。もう5年も前の初日から、「毎月新聞ごはん」で現在絶賛連載中の「ホール道」に書いてあることそのまま教わっていました。5年経ってもぶれない！　その一本筋が通っているところが何より好きです。

Q3. 「ナッス」（カシューナッツのスパイス炒め）！　思い出の品なので……（笑）

Q4. おしぼりの袋は必ずさりげなく下げるように教わったこと、ですね。改めて思い返すと、何気ないことなのですが、すごく心に残っていて。あまり意識されないかもしれないのですが、小さなテーブルでお料理でいっぱいになる時に邪魔になるなら、さりげなく早めにお下げしよう、というこの小さな心遣い。常に自分がお客様の立場だったら……ということを考えているokayanさんらしい教えの一つだと思います。

Q5. 母校、ですね。接客の基本を教えてもらいました。実は今は私が自分の店のスタッフに我がもの顔でokayanさん語録を使って語っています……！

はぶちん

(2004.6〜2005.1在籍)

リトスタ・オールスターズ 全員集合!!

かなやん

(2006.1～2006.12在籍)

Q1. お店の勉強がしたくて人からも勧められ、自分もおしゃれだなぁと思い、少し顔を知っていたぐらいだけどokayan、麻美さんが素敵な人だと思ったので。

Q2. 丁寧な仕事をするお店。それが接客にも料理の味にもしっかり出てきている。

Q3. ごはんとお味噌汁と毎日の小鉢。初めて食べた時、ごはんとお味噌汁に感動した。愛らしい小鉢、丁寧な作業と味つけしすぎない、まっすぐな味がここでしか食べれない味。

Q4. 『接客は美しくあれ』。私のなんとなく思ってやっている、できているかはわからない、接客の姿勢をほめてくれたこと。細かなとこまで察してくれているのがとてもうれしかった。

Q5. 言葉と食べ物と、強さと自由と、東京と世界とすぐ目の前の世界と見えない世界と未来を、いつも行くたびに感じさせてもらってます。リトスタが輝いてると、私もよしっ！と思います。生きるからには楽しまなくっちゃって。

いづみ～る

(2006.12～2007.10在籍)

Q1. 小さくても自分たちでつくり上げたお店で一度働いてみたいと思っていたから（自分でもお店を開きたいので、現場はどんなものか見てみたかったんです）。

Q2. 父さん（麻美さん）、母さん（okayan）、姑（けいこさん）、そしてその子供と孫たちみたいな？

Q3. ねぎとん、高菜かけご飯、チヂミ、ハンバーグ、レバーペースト、玉子焼きの端っこ、米ぬかスコーン、チーズケーキ……、んーお腹すいてきました。

Q4. ①少しホールの仕事に慣れた頃、勇気をだして話しかけてみたお客さんが後に、リトスタスタッフになったこと（そのお客さんは現キッチンスタッフのくろちゃんです！）。②麻美さんとokayanの結婚式。幸せな雰囲気がいっぱいで、素敵な時間でした。

Q5. 師匠のいる場所。

ねえさん

(2007.2～現在在籍)

Q1. 何か始めたいと思った時、たまたまここでバイトを募集していたので。

Q2. 厳しい→楽しい→居心地いい。

Q3. ほとんどみんな好きです。なのでレアメニューを。揚げ野菜のっけそうめん、クリームチーズと金時豆のディップ、デザートスコーン。

Q4. オーナー3人（だった時）の絆みたいなもの。それぞれ自己主張が強いのにお互いを尊重してるところがステキだなと。

Q5. 店に入った途端ワクワクするところ、そしてお腹がすいたなーとしみじみ思うところ。

ますこ

2007.10
～2009.2在籍）

Q1. 食に興味があり、家の近くで一番身近な存在のお店だったから。

Q2. 通っていた頃と変わらず、愉快なお店。

Q3. レバーペースト・南蛮漬け・あちゃら漬け。

Q4. 極寒のTシャツ撮影（風邪ひいた）・飲み部（迷惑かけまくった）・あんこう鍋ツアー（ビール造り）。

Q5. 私の存在を肯定してくれて、それを言葉にしてくれた初めての場所（あとは……駆け込み寺……笑）。

アッキー

(2008.1
～現在在籍)

Q1. 一目惚れです。一度リトスタに行って直感で決めました。

Q2. 風通しのよい手間隙かけたメニューとお客様第一の丁寧な接客。自分の背筋がしゃんとさせられることが多いお店だと思いました。

Q3. 「鮭の焼きびたし」「カリフラワーのあちゃら漬け」「肉だんごチリビーンズ」

Q4. お客様で来る小さな子供たちが、どんどん成長していくのが日々見ていけるところ。

Q5. まじめにひたむきに物ごとに取り組むことの気持ちよさを教えてくれるところです。

ぬまっち

(2008.2
～現在在籍)

Q1. もともと客として大好きだったお店。トリコでした。一歩入ったその空間ごとです。

Q2. 日々、呼吸しているお店。

Q3. カリフラワーのあちゃら漬け。まかないの「店長お任せちょこ盛り」。正直まかないが一番好きです（自分のためにスタッフがごはんをつくってくれる、ということがうれしい）。

Q4. 具体的な話ではないのですが。人や物事が巡り巡ってつながることがしばしばです。素敵。

Q5. つながっていたい。と想う人たちとつながりを持たせてくれる大切な場所。

かっさん
(2008.12
〜現在在籍)

Q1. ただお料理を運ぶだけのお客様との関係ではなく、他店にはないそれ以上のお客様との関係がありました。そして常々私が接客業で大切にしている「物を売る前に自分を売る」リトスタの考え「人がすべてである」その考えに強い共感を覚えました。

Q2. 全員がお客様にとって何が一番かを考え、またスタッフ同士のコミュニケーションが取れていて大変仲がよく、それによりとても温かい空気に包まれています。

Q3. 鮭ときのこ、ゴーヤの焼きびたし定食。焼いた鮭の香ばしさと、きのこ・ほろ苦いゴーヤ。そしてそれらがやさしいだし汁に漬かり口に入れる度に笑顔になってしまいます。

Q4. 週に何度もご来店頂いているお客様が多く、本当によいお客様に守られていると感じています。今は、感謝の気持ちとより笑顔になっていただくため、努力を忘れてはいけないと思っています。

Q5. 素敵な仲間がいて、人として成長するためにも大切な、第二の我が家です。

Q1. 武蔵野近辺でバイトを探していたある日、偶然ケータイサイトでリトルスター・レストランを見つけ実際に食べに訪れ、店内の雰囲気やリトスタ新聞、マスコットキャラらしきコトリなど、あちこち魅かれ、面接の電話をとらせていただきました。

Q2. かつて、ここまで気持ちを込めて掃除に挑んだことが、盛りつけに美徳を注いだことがあっただろうか……！　と基本的なことから改めて思い直すくらい、いつ何時も真剣勝負なのだと伝わるお店です。

たしろん
(2009.1〜
現在在籍)

Q3. ししゃもの南蛮漬け、元々南蛮漬けの類は好きでしたが、ここの酢加減はとてもおいしいです。あと名前もかわいいカリフラワーのあちゃら漬け、カリフラワーってこんなにおいしいのですね！

Q4. 時折、真剣なあまり怒ったように恐い顔をして厨房で作業してるスタッフの皆さんがお客様の方へくるりと顔を回す瞬間と同時に笑顔100%に切り変わるあの瞬間は印象に残る瞬間です。

Q5. いろいろ勉強になる毎日を送らせていただくと同時に、自分にも力添えできることをさせていただいてるお店です。たとえば私には人が集まる程おいしい料理も、店もつくれない、けれどおいしい料理を楽しみに待つお客様の元へ笑顔で運ぶことはできる……、と私たちは自分にできることを一生懸命することで一つの時間を回しあえるのだと思えるお店、やはり学舎のような、ささやかだけど大きな職場です。

りっちゃん
(2009.3
〜現在在籍)

Q1. 初めて来店した時、このお店なんか違う！　と思いました。店員さんの感じがよかったり、荷物入れを出してくれたり。お店を出た後、もしやと思って窓越しに見ると、そこにはやっぱり店員さんのにっこりが。これが決めて。

Q2. お店がお客様に育てられるってこういうことかと思いました。ここでの接客は、ホント楽しいです。一つひとつのことに理由がある。それを理解するのも楽しいです。

Q3. あちゃら漬け！・南蛮漬け・サバのごま味噌煮・ヒヨコ豆のコロッケ・厚焼き玉子

Q4. お客様が、自分の名前を呼んでくれた時！
お客様が、日本酒の注ぎ方を教えてくれた時。
お客様が、お皿の向きを注意してくれた時。

Q5.（難しい……）小さな仕掛けが一杯のお店。

おすぎ
(2009.5
〜現在在籍)

Q1. 直感でイイお店だなぁーと感じて、ここで働きたい！と思い、お店に電話→面接→次の日から初バイト、とかなりのスピードで決まりました。お話を聞くと、私の採用が決まったら、しばらくバイトを雇わないとのことで……。女のカンは、侮れない……!　と我ながら思いました（笑）。

Q2. 働いてるスタッフ、常連のお客様共々、温かい方ばかり！　接客では、決まった枠がないので、頭のアンテナをはりつつ……okayan、先輩スタッフの方々の指導の元、いつも学ぶコトばかりです。

Q3. レバーペーストをごはんにのっけて、食べるっ!!　かーなり、ごはん進みます（笑）

Q4. 5周年記念のイベント。働き始めて、2日目がイベントだったので、とにかく緊張で無駄にカチコチしてました。雰囲気は、学祭そのものでとても楽しめました♪

Q5. まだまだ未知のことばかりなので……いろいろなことを吸収していく場所。寺子屋です!

第三章
お店のこれから

つながっていく日々

六月一日は、お店の開店記念日。「リトルスターの日」と僕らが勝手に呼んでいる、大切な日です。

毎年この時期になると、僕らはお客様に記念にお配りするオリジナルの缶バッチをつくったり、オリジナルデザインのTシャツを販売したり、さらにはそのTシャツを着たスタッフの写真を使ったTシャツポスター展などを開催したりしていました。ただ、二〇〇九年に迎えた五周年記念日では、オリジナルの缶バッチやチロルチョコはつくったものの、それ以外の新しいオリジナルグッズを販売することはしませんでした。その企画や制作をする時間的余裕が全然なかったのです。

二〇〇八年末をもってオーナーの一人だったフカザワが独立して、こいけ菓子店というお菓子屋さんを新たに始めました。リトルスター・レストランは、ミヤザキと僕の二人がオーナーとして経営していくことになったのです。新体制になってから、ミヤザキと僕の仕事は前より明らかに忙しくなりました。以前は、企画はミヤザキ、経理はフカザワ、デザイン関連は僕といった感じで完全に分業できていたのが、二人ですべてのことを見なければならなくなったからです。経理業務の仕組みを理解して日々作業をこなしていくのにも時間がかかりましたし、深夜に最後まで働いてくれる人が一人減ったことで、片付け作業の負担も増しました。慣れてくるまでは要領も悪く、最初の一カ月くらいは、午前三時半過ぎにようやくお店を後にするような毎日。開店記念日のためのグッズの企画やデザインはいつもその年の初め頃から手をかけていましたから、五周年記念日のグッズの準備は、気づいたら時すでに遅し、でした。

そこで、五周年記念日はオリジナルグッズの販売ではなく、イベントを企画することにしました。二〇〇九年の六月一日は定休日の月曜にあたっていたので、お客様もご来店いただきやすい前日の日曜に、お店で「フリーマーケットと唄とギターの夕べ」を開催することにしたのです。

昼の部の「フリーマーケット」では、うちのお店のスタッフが持ち寄ったグッズをあれこれ販売させていただくフリーマーケットを実施。キッチンスタッフの競作によるファストフード形式の軽食もお出ししました。中でも目玉となったメニューは、リトスタ・カレーパン！　いつもお手製のパンを差し入れてくださるおなじみのお客様、チカコさんにお願いして、うちのお店のチキンカレーのルーをベースにしたカレー餡《あん》を使ったカレーパンを共同開発してもらいました。それをイベント開催中のお店で揚げて、アツアツをお召し上がりいただく。生地の発酵の関係で一度に二十個ほどしかつくれないカレーパンは、チカコさんから何度かに分けて納品してもらったのですが、そのたびにあっという間に完売。追加分が届くたびに、お客様から歓声が上がるほどの大人気でした。

さらには、アロマサロンを経営されているお客様に手づくりアロマグッズを販売していただいたり、ヨーロッパの蚤《のみ》の市で買い付けた雑貨を販売されているお客様に出店していただいたりもしました。友人で芸術家の行本詩麻さんは小型のガスバーナーを持ち込んでガラスのアクセサリーをその場でつくって販売してくれましたし、三月珈琲工房の甲斐一江さんはネルドリップによるコーヒーの実演販売をしてくれました。外はあいにくの――五年前と同じようなどしゃぶりの雨でしたが、おなじみのお客様や友人たちのおかげで、当店初のフリーマーケットは、華やいだ雰囲気のイベントになりました。

夕方、いったんお店を閉め、店内レイアウトをがらりとチェンジ。夜は「唄とギターの夕べ」。僕らの結婚式イベント「月と太陽」の時の大混雑を教訓に、今回はチケット予約制にしたのですが、それでも四十人ものお客様にご来場いただき、店内は満席。日頃から音楽活動をされている仲のいいお客様――僕らもライブに伺ったことがある大好きな三組のお客様に出演をお願いして、歌とギター演奏を披露していただきました。

お店を始めてから、僕らは自分自身の力だけを頼りに、何でも自分たちとスタッフだけでやり遂げようとしてきました。それはもう本当に頑なに、意地になるくらいに。でも今、僕らは信頼できる人たちの力を借りようという気持ちになれた。そんな僕らに、快く力を貸してくれる人――愛すべきお客様がいる。そしてそれを心から楽しんでくれるお客様もいる。それを目の当たりにすることが、本当にうれしい。僕らにとってのこの五年間というのは、きっとそういうことなんだろう。

最後に、僕もギターを手に取って歌いました。ほかの出演者の方々に比べれば、音楽のキャリアも少なく、ブランクも長い。たいして上手に歌えないのはわかっていました。でも、今日はみんなが「リトスタのｏｋａｙａｎ」が歌うのを聴きに来てくれている。お祝いだから、お祭りだからといって、お茶を濁すわけにはいかない。僕は三週間前から、お店の片付けが完全に終わったあと、ほとんど毎晩、二時間の居残り練習をしていました。それだけやっても、結局、歌もギターもけっしてほめられる出来ではありませんでしたが、お客様から温かい拍手をいただいた時、歌えるということはこんなにもうれしいものなのか、と改めて思いました。

いつもどおり、お店で十五時間働いたあと、二時間練習すれば、こうしてまた歌を歌える。僕は今、そういう場所に立っていて、音楽は、まだ僕の中で確かに生きている。ちゃんとここまでつながっている。


すべてがつながっていく。

二十九歳の冬の日、僕に差し出された一本のわら。あの時のわらのずっとずっと先に、リトルスター・レストランが待っていた。面白くて仕方がなかった音楽、自分という存在の小ささをつくづく思い知った世界一周旅行、書き続けた『まるお通信』、あれこれやったアルバイト……一つひとつは弱く拙《つたな》かったけど、そんなものをコツコツと集め続けた二十代。あの頃は、まったく自分に自信が持てなかった。でも、あれから十年経ってみると、あの時つかんだ一本のわら――グラフィックデザインも含めて、僕が集め続けた小さな経験は、すべてがちゃんと役に立っている。

オープン当時、根拠のない自信以外は何もなかったあの頃。時間もお金も気持ちもすり減らし、コテンパンに疲れ果てる、毎日がそのくりかえし。でも、きっとこの先、何か大切なものが待っている。僕らはそう信じるしかありませんでした。

あれから五年経った今、僕らは、その大切なもののかけらくらいは、確かに手にしたと思います。それは思っていたほどピカピカしていないし、派手でも立派でも大きくもないけれど——思いがけず、僕らにぴったりだ。


僕らは、変わり映えしない日々の仕事を積み重ねて、この場所をつくり続けていく。何も楽になっていないし、身体も気持ちもきついし、自分たちの思うようになることなんてほとんどない。それでも僕らは、これからもお店を続けていくのです。

大事な人たちがたくさんお店に来てくれますように。充実した毎日になるように。そうやってまた、僕らは未来につながっていく。すべてがつながっていくのです。

リトルスターレストランという生き方

二〇〇九年の春、私たちはリトルスター・レストランの物件契約を更新し、五年後までの契約を結びました。

お店を始めて五年。うちのお店のある三鷹駅南口の中央通り商店街でも、いくつかのお店が入れ替わりました。資本力があまりない個人経営のお店もそうですし、資本力のあるチェーン店は、ダメとなればさらに見切りが早い……。こんな小さな街の移り変わりを見ていても、お店を続けていくことは本当に難しいということを感じています。

リトルスター・レストランも、経営的には依然厳しい状態です。売上が上がらなければ、人件費が占める比率もいつまでたっても高いまま。食材の値上げなどによって、原価率も上がっています。二〇〇八年の秋頃から始まった不況の影響は、客足にも影響しています。リピーターのお客様が多いうちのお店の場合、お客様が「来られなくなった」というより「頻度が落ちた」という印象でしょうか。平日のランチタイムは特に会社員の男性のお客様が減りましたし、以前は月に二回くらいお食事に来られていたご家族連れは、最近では月に一回来られる程度になりました。お客様も、日々の生活のいろいろな場面で無意識にセーブをかけてらっしゃるのだと思います。

けれど私は、悪い時こそ、物事を吟味して考えることができると思っています。お金がある時は、ともすると「ものを見る目」が甘くなって、価格と品質のバランスが悪くても「ふーん、こんなものかな」と思ってしまいがちです。お金の失敗に対して少し鈍感になってしまう気がするのです。何が大切なことなのかをあらためて認識するには、いい機会なのかもしれません。なぜなら今、自分自身がそのことを実感しているのですから。

これからも、私たちが考える気持のいいサービスを提供していこうとしたら、「大儲け」をするのは無理だと思います。それは日々、お店で働きながらひしひしと感じています。リトルスター・レストランの店長であるかぎり、一生お金持ちにはなれない！　それはもう、ものすごく確実なことのような気がします。でも、けっして苦ではありません。もちろん、スタッフにはもっと十分なお給料を払ってあげたいし、もっとお店を素敵な空間にしていくためにもお金は必要ですから、お店として儲けられるところはしっかり儲けなくては、とは考えています。けれど、私個人に関しては、「そんなにお金がたくさんなくても幸せなんだな」と思うのです。

生きていく上で何を「気持いい」と思うかは、人それぞれです。ブランド品を買い揃えたり、旅行に行ったり、何かをコレクションしたり……。そういう目に見える形で手に入る幸せもあるのかもしれません。けれど私は、お店で日々働いている中で、目には見えない幸せ——生きていく上でかけがえのないものをいただいている気がするのです。

私は、リトルスター・レストランと出会ってしまった。ある日突然、ふとした拍子に、ばったりと。

私が選んだこの仕事は、小さな感動や喜びをお客様にさしあげる仕事。一つひとつ、自分自身で考えてやる仕事。お客様から学ぶ仕事。小さな報酬を積み重ねていく仕事。肉体的にも、金銭的にもきつい仕事。そして、お客様から、笑顔とか、思いやりとか、ありがとうという言葉とか……そういうお金にはけっして代えられない、たくさんの感動をいただくことができる仕事。心からそう思います。

お店にいらっしゃるお客様や、一緒に働くスタッフ、周囲で支えてくれる人々からいただく感動が日々積み重なると、心は豊かさを増し、感謝の気持でいっぱいになる。そして、あれから五年経った今になって、わかるのです。

あの時、私たちが選んだのは、職業ではなく、生き方だった。「リトルスター・レストラン」という生き方だったのだと。

あとがき

山本高樹

僕が三鷹で暮らすようになって、かれこれ七年になる。途中、海外での長期取材のために一年半ほど日本を離れていた時期もあったが、帰国すると、結局、また三鷹を選んでしまった。

都心からほどほどの距離で、交通の便もよく、家賃もさほど高くない。隣駅の吉祥寺に比べると、人も少なく、街の雰囲気ものんびりしている。最近の駅周辺の再開発ラッシュには眉をひそめたくなるものがあるが、その一方で、昔から地元の人々に愛され続けている良心的な店も残っている。

そして何より、三鷹には、リトルスター・レストランがある。

週末の午後、ランチを食べてコーヒーを飲み、本を読んでゆっくりくつろぎたい時。気のおけない友達と旬のおいしい料理を食べながら、にぎやかにお酒を愉しみたい時。そういう時、リトスタのような店が近所に一軒あると、ものすごく便利、いや、むしろ、ないと困る。たまに臨時休業の日があると、中央通り商店街では行き場を失った人たちが右往左往するほどだから。

できることなら、いつまでも、リトスタは同じ場所で営業し続けてほしい。常連のお客さんなら誰もがそう思っているはずだ。でも、彼らのような飲食店を続けていくのは、けっして簡単なことではない。街は刻々と変わっていく。もしかしたらリトスタも、何十年か後にはなくなってしまうのかもしれない。

でも、変わらないものもある、と僕は思う。

たとえば、ある日曜の昼下がりのリトスタで、一人の女の子がお父さんやお母さんと一緒に食べた、ふっくら柔らかいハンバーグ。何気ないおひるごはんだけど、もしかするとその時の記憶は、女の子が大きくなっても、ずっと変わらずに残り続けるかもしれない。お父さんやお母さんの笑顔と、懐かしいハンバーグの味とともに。大切な記憶は、時を経ても変わらない。リトスタで働く人々がお客さんに提供しているのは、そういう「おいしかったね」「よかったね」という、ささやかな、でもかけがえのない記憶なのだと思う。

おいしい料理と気持のいい接客で、ほんの少しでもお客さんの心を穏やかにする。そのために、彼らがどれだけ歯を食いしばって働き、工夫を凝らし、そしてそこに喜びを見出しているか。愚直なまでに地道な努力の積み重ね。だからこそ、人々の心に、大切な記憶が残る。

僕がこの本を書いたのは、彼らのこれまでの足跡を書き記すことで、その大切な記憶を、少しでも確かなものにしておきたかったからなのかもしれない。

この本の出版に際しては、美術出版社の宮後優子さんに多大なるご助力をいただいた。タイプフェイスの渡邊民人さんと堀内美保さんには、細部まで配慮が行き届いたすばらしい本をデザインしていただいた。本文中に挿入されているちょっと不思議な鳥のカットイラストは、リトスタの看板のデザインなどを手がけたアーティストの行本詩麻さんの手によるもの。校正担当の猪俣麻美さんは、僕たちがこの本をつくっているのを知って、手伝いたいと自ら申し出てくれた。

そして何より、一番お世話になったのが、この本の主人公であるリトスタのミヤザキ店長とｏｋａｙａｎ。二人は週に一度しかない定休日を何度も何度も潰してお店に来てくれて、長時間にわたるインタビューに辛抱強く答え、本に載せる写真を選び、手描きのロゴや人物のイラストを描いてくれた。二人の惜しみない協力がなければ、この本は到底完成しなかっただろう。

三鷹の雑居ビルの三階で、きらきらと瞬き続ける、小さな星のレストラン。この本を通じて、彼らの思いが、一人でも多くの人に届きますように。

リトルスター・レストラン

広告プランナーだったミヤザキと、デザイナーokayanが2004年、東京・三鷹にオープンしたごはん屋さん。手間をかけてつくったおいしい料理と、気持ちのいい、行き届いた接客が評判を呼び、固定ファンも多い。自分たちで店のプランニングやデザイン、新聞の発行、オリジナルグッズの制作なども行っている。http://www.little-star.ws

営業時間　11:30 ～ 24:00 (L.O 23:00)
土日祝12:00 ～、日祝～ 23:00 (L.O 22:00)
月定休＋不定休

東京都三鷹市下連雀3-33-6　三京ユニオンビル3F
TEL.0422-45-3331

デザインビジネス選書
リトルスター　レストランのつくりかた。

2009年10月1日　第1刷発行

編者　リトルスター・レストラン
取材・文　山本高樹
カバーデザイン　渡邊民人［TYPEFACE］
本文デザイン　堀内美保［TYPEFACE］
イラスト　okayan（人物、店）、行本詩麻（千鳥）
写真　リトルスター・レストラン、山本高樹（人物、店）、湯浅ヒロミ（結婚式、06Tシャツポスター）
印刷・製本　光邦

発行人　大下健太郎
発行所　株式会社美術出版社
東京都千代田区神田神保町2-38　稲岡九段ビル8F
TEL.03-3235-5136［営業部］、03-3234-2173［編集部］

ISBN 978-4-568-24030-6 C0034

ビジネスパーソン向け 実践的デザインの本
「デザインビジネス選書」シリーズ刊行!!

企業間競争がますます激しくなる現在、デザインをビジネスに活かすという問題は今や避けて通れない経営課題となりつつあります。そうしたビジネスパーソンのニーズに答えるべく、ビジネスで使えるデザインの考え方やノウハウをやさしく解説するシリーズとして、「デザインビジネス選書」シリーズを創刊しました。デザイン専門誌『デザインの現場』やデザイン専門書を長年発行してきた美術出版社ならではのノウハウを活かし、デザインをビジネスの視点からとらえた新しい読み物シリーズを続々刊行していく予定です。

2009年9月同時刊行

『企画書は見た目で勝負
契約が面白いほどとれる企画書デザインのコツ』

道添進 著、デザインの現場編集部 編

「企画書をつくったけれど、いまいち見た目が悪い」。そんな悩みを解決してくれる7つの黄金ルールを大公開。これさえ守れば、PowerPointやWordで誰でもプロ並みに見栄えのするビジネス文書がつくれます。企画書テンプレートがもらえる特典つき!

四六判並製、200ページ、定価1500円+税

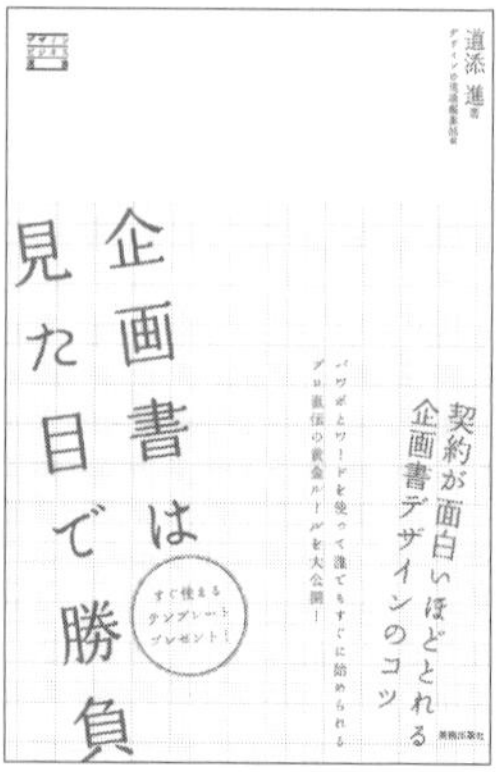